Moderne

Wirtschaftsgestaltungen

herausgegeben von

Kurt Wiedenfeld

Heft 13:

Deutsch-rumänische Wirtschaftsbeziehungen

von

Dr. rer. pol. Hermann Gross

Verlag von Walter de Gruyter & Co.
vormals G. J. Göschen'sche Verlagshandlung — J. Guttentag, Verlagsbuchhandlung — Georg Reimer — Karl J. Trübner — Veit & Comp.
Berlin 1929 Leipzig

Deutsch-rumänische Wirtschaftsbeziehungen

Mit einer volkswirtschaftlichen Bibliographie über Rumänien

von

Dr. rer. pol. Hermann Gross
Diplom-Kaufmann, Diplom-Volkswirt
Assistent am Institut für Mittel- u. Südost-Europäische Wirtschaftsforschung an der Universität Leipzig

Veröffentlicht in Verbindung mit dem Institut für Mittel- und Südost-Europäische Wirtschaftsforschung

Verlag von Walter de Gruyter & Co.
vormals G. J. Göschen'sche Verlagshandlung — J. Guttentag, Verlagsbuchhandlung — Georg Reimer — Karl J. Trübner — Veit & Comp.
Berlin 1929 Leipzig

Vorliegende Arbeit ist als Dissertation von der
Philosophischen Fakultät der Universität Leipzig angenommen, jedoch nur
im Teildruck an sie abgeliefert worden.

Meinen Eltern

Vorwort.

Zwischen Deutschland und Rumänien haben von altersher rege wirtschaftliche Beziehungen geherrscht, die sich aus der Eigenart der beiden Volkswirtschaften und ihrer günstigen geographischen Lage zueinander ergaben. Altrumänien, fast reines Agrarland, am Unterlauf der Donau und am Schwarzen Meer gelegen, konnte auf dem billigen Wasserwege seine landwirtschaftlichen Produkte, insbesondere seinen Weizen, vorteilhaft in Deutschland absetzen. Deutschland andererseits brauchte als Industrieland mit dichter Bevölkerung einen erheblichen Zuschuß an Nahrungsmitteln aus dem Ausland und war in der Lage, Rumänien die zur Entwicklung seiner Volkswirtschaft notwendigen Produktionsmittel zu liefern.

Die Beziehungen zwischen Deutschland und Altrumänien wurden mit dem Eintritt Rumäniens in den Weltkrieg abgebrochen. Auf Grund der Friedensverträge entstand in Großrumänien ein neues Reich, das in seinen Grenzen alle zwischen der Theiß, dem Schwarzen Meer und dem Dnjestr wohnenden Rumänen vereint und als eins der reichsten Länder Europas und als bedeutendster Staat Südosteuropas angesehen werden kann. Seine wirtschafts-geographische Lage, seine Produktions- und Konsumtionsverhältnisse haben sich gegenüber Altrumänien sehr stark verbessert und vergrößert. Rumänien ist dadurch befähigt, bei normalem Wirtschaftsleben Deutschland bedeutende Mengen an land- und forstwirtschaftlichen Erzeugnissen sowie Produkten der Erdölindustrie zur Verfügung zu stellen und seinerseits im größeren Ausmaße deutsche produzierte Produktionsmittel zum Ausbau seiner Wirtschaft aufzunehmen.—

Vorliegende Arbeit ist als Beitrag zur Erkenntnis der gegenwärtigen Lage und der bestehenden Entwicklungsmöglichkeiten für die wirtschaftliche Zusammenarbeit der beiden Reiche gedacht. Ich hielt es für zweckmäßig, von den Produktions- und Konsumtionsverhältnissen der beiden Länder auszugehen und anschließend die staatliche Wirtschaftspolitik, der im deutsch-rumänischen Wirtschaftsverkehr eine besondere Bedeutung zukommt, zu behandeln. In den folgenden Abschnitten werden die deutsch-rumänischen Wirtschaftsbeziehungen, wie sie sich aus der verkehrsgeographischen Lage, dem Güter- und Kapitalaustausch ergeben, dargelegt.

In erster Linie wurden die speziellen Verhältnisse der rumänischen Volkswirtschaft dargestellt und das deutsche Wirtschaftsleben nur zum Vergleich herangezogen. Dabei wurde auf die bestehende anderweitige Produktionsverwertung und Bedarfsbefriedigung, also auf die weltwirtschaftlichen Konkurrenzverhältnisse, vor allem beim Außenhandel, besondere Rücksicht genommen. Es sollte damit auf die Punkte hingewiesen werden, bei denen es noch eigener Anstrengungen bedarf, um eine vollständigere Ergänzung im gegenseitigen Wirtschaftsverkehr herbeizuführen.—

Die Behandlung des Themas begegnete teilweise erheblichen Schwierigkeiten, da die wirtschaftlichen Verhältnisse in Rumänien vielfach noch keine eindeutige Klärung erfahren haben und über die einzelnen Probleme, vor allem auf rumänischer Seite, die entsprechenden Literaturunterlagen noch sehr lückenhaft sind. Es ist mir eine angenehme Pflicht an dieser Stelle das große Entgegenkommen in der Zugänglichmachung des notwendigen Materials hervorzuheben, das ich in Deutschland bei dem Bibliothekar der Handels-Kammer Leipzig und bei dem Leiter der Bibliothek des Instituts für Weltwirtschaft und Seeverkehr an der Universität Kiel und in Rumänien bei der Leitung des rumänischen volkswirtschaftlichen Institutes (Institutul Economic Românesc), der Direktion des rumänischen statistischen Amtes, sowie dem rumänischen Industrie- und Handels-Ministerium in Bukarest gefunden habe.

Herrn Geheimrat Professor Dr. Kurt Wiedenfeld, der mir bei der Abfassung der Untersuchung seine wertvolle Unterstützung zuteil werden ließ und die Veröffentlichung der Arbeit im Rahmen des von ihm geleiteten Instituts für Mittel- und Südost-Europäische Wirtschaftsforschung an der Universität Leipzig ermöglicht hat, fühle ich mich zu besonderem Dank verpflichtet.

Hermann Gross

Inhaltsverzeichnis.

Statistischer Anhang.

Bibliographischer Anhang.

A. Volkswirtschaftliche Bibliographie über Rumänien.

B. Literatur zur Grundlegung vorliegender Arbeit.

I. Die Produktionsgrundlagen.

Die Verschiedenheit der deutschen und der rumänischen Volkswirtschaft ergibt sich in erster Linie aus ihren besonderen Produktionsgrundlagen. Diese werden für jedes Land durch seine wirtschaftsgeographischen Voraussetzungen, seine kulturellen Verhältnisse und den Stand seiner kapitalistischen Entwicklung bestimmt. Die an einem bestimmten Zeitpunkt gegebene Lagerung der Produktionsfaktoren muß jedoch keine definitive sein. Vielmehr sind die Produktionsbedingungen in den dynamischen Vorgang der wirtschaftlichen Entwicklung hineingestellt und können bedeutende Änderungen erfahren. Erhebliche Verschiebungen in den Produktionsgrundlagen kommen besonders in Volkswirtschaften vor, in denen politische und wirtschaftliche Umwälzungen stattgefunden haben und ein innerer sowie äußerer Ausgleich der wirtschaftlichen Kräfte, damit eine Konsolidierung des gesamten Wirtschaftslebens erst vor sich geht, wie dies in Rumänien der Fall ist.

1. Die wirtschaftsgeographischen Grundlagen.

Lebensbedingungen und Bodenfruchtbarkeit werden vom *Klima* nachhaltig beeinflußt. Die klimatischen Unterschiede zwischen Deutschland und Rumänien kommen bei der Landwirtschaft am sichtbarsten zum Ausdruck. Jedoch dürften zwischen bestimmten Landschaften der beiden Länder keine großen klimatischen Differenzen herrschen, wie aus den dort produzierten gleichartigen Erzeugnissen zu entnehmen ist; als Beispiel dafür lassen sich die Weinbaugegenden in Siebenbürgen und dem Südwesten Deutschlands, wo die Rebe fast die gleichen klimatischen Bedingungen vorfindet [1]), anführen.

[1]) Für den Export kommt vorläufig nur eine bestimmte Anzahl von Qualitätsweinen in Betracht, da man im allgemeinen nur auf große Mengen hin arbeitet, die hauptsächlich für den Inlandkonsum bestimmt

Deutschland gehört dem nördlichen Teil der nördlich gemäßigten Zone an und weist im allgemeinen unter atlantischem Einfluß, sowie der Gestaltung seiner Bodenform — wodurch Süddeutschland im Mittel kein milderes Klima als der Norden besitzt — ein gemäßigtes Klima mit geringerer Wärme als Rumänien auf. Seiner klimatischen Lage entsprechend ist das deutsche Getreideland vorwiegend Roggen- und Haferland. Weizen und Gerste gedeihen bloß in den klimatisch begünstigteren d. h. wärmeren Gebieten, und der Mais, der meist als Grünfutter gebaut wird, reift nur strichweise.

Rumänien liegt südlicher als Deutschland mit der Poebene und Südfrankreich auf einer Breite, hat aber infolge seiner Lage als Übergangsland vom südöstlichen zum östlichen und nordwestlichen Europa und wegen seines Reliefs (Karpathenbogen, Hügelland und Ebene), das den Luftströmungen Osteuropas, besonders in den außerhalb des Karpathenbogens gelegenen Niederungen freien Zutritt gewährt, kontinentales Klima mit großen Gegensätzen und schroffen Wechseln [1]). Rumäniens heiße Sommer sind für den Getreidebau, insbesondere für den Weizen- und Maisbau, die wichtigsten Zweige der rumänischen Landwirtschaft, äußerst günstig, da sie ein vollständiges Ausreifen der Frucht auf großen Strecken des Landes ermöglichen und auf die Qualität der Erzeugnisse vorteilhaft einwirken.

Lage und Klima bestimmen die *Niederschlagsmenge*, die in Rumänien ausreichend ist. Für die Landwirtschaft ist die Verteilung der Niederschlagsmengen während des Jahres im allgemeinen günstig. Die Hälfte der jährlichen Regenmenge fällt am Anfang des Sommers (Mai, Juni, Juli) und fördert dadurch ausgiebig das Wachtsum der Pflanzen. Es folgen darauf zwei regenarme Perioden: eine im Sommer (August, September), welche das Reifen des Obstes, der Weinrebe und des Maises fördert und eine am Anfang des Winters: im Januar

---

sind, und es in vielen Teilen des Landes an der richtigen Pflege des Erzeugnisses fehlen läßt. Handbuch der Militärverwaltung in Rumänien. „Die rumänische Volkswirtschaft". Berlin 1917, S. 32.

[1]) Südhof, Beiträge zur Verkehrsgeographie Rumäniens. Greifswald, Diss. 1914, S. 20.

und Februar [1]). Heftige Gewittergüsse im Sommer, sowie allzulange dauernde sommerliche Trockenperioden können allerdings den ganzen Ertrag der Ernte in Frage stellen. In solchen Jahren der Mißernte tritt die Abhängigkeit des überwiegenden Teiles der Wirtschaft des Landes von den natürlichen Verhältnissen und Schwankungen besonders fühlbar in Erscheinung.

Mit den Niederschlägen steht in engstem Zusammenhang die *Bewässerung*. Deutschland wie Rumänien sind von Natur aus mit zahlreichen Wasserläufen und -becken ausgestattet. Ein ganzes Netz von Flüssen, die fast alle in den Karpathen entspringen, und im Westen von der Theiß, im Süden und Südosten von der Donau und im äußersten Südosten (Dnjestr und einige kleine Flüsse) vom Schwarzen Meer aufgenommen werden, sorgen für eine gleichmäßige Bewässerung des Landes. Nur die Dobrudscha hat unter Wassermangel zu leiden. Künstliche Bewässerung und Entwässerung spielen in der rumänischen Landwirtschaft keine nennenswerte Rolle und wirken somit auf die Produktionskosten nicht ein.

Bei den *Bodenverhältnissen* lassen sich zwischen Deutschland und Rumänien wesentliche Verschiedenheiten feststellen, die auf die Gestaltung des Wirtschaftscharakters der beiden Staaten mitbestimmend eingewirkt haben. Unter den deutschen Landschaften, die alle Übergänge vom Hochgebirge bis zur Ebene aufweisen, bildet die norddeutsche Ebene und das Alpenvorland die Hauptnährfläche des Reiches. Die im deutschen Landschaftsbild überwiegende Ebene bietet nur auf verhältnismäßig kleinen lößbedeckten Flächen wirklich günstige Ackerbaugebiete. Der im allgemeinen für Deutschland charakteristische leichte sandige Boden bildet eine geeignete Grundlage zu einem sehr ausgedehnten Roggen-, Hafer- und Kartoffelanbau. Fast überall ist zur Erzielung entsprechender Ernteerträge eine ausgiebige Düngung erforderlich.

Rumäniens *Oberflächengestaltung* verteilt sich ziemlich gleichmäßig auf Gebirge, Hügelland und Ebene. In den Gebirgen des Karpathenbogens, die das siebenbürgische und von

---

[1]) Arghirescu, in „Die wirtschaftliche und finanzielle Organisation Rumäniens in 1926". Bukarest 1926, S. 11.

der Theiß durchflossene Pannonische Becken einschließen, findet in den ausgedehnten Wäldern, die eine Fläche von 7,2 Mill. ha bedecken (= 25 % des Landes) und aus ca. 3/4 Laubbäumen, vor allem Buchen und Eichen, und 1/4 Nadelhölzern bestehen (in Deutschland ist das Verhältnis fast umgekehrt), eine bedeutende Waldwirtschaft ihre Basis. Die Hochwiesen des Gebirges dienen den Schafen und Herden von Jungvieh als Weide. Viehzucht, vor allem Rind- und Schweinezucht, wird neben Weinbau und Obstbau in dem fruchtbaren Hügellande des siebenbürgischen Beckens getrieben. Wein-, Obstbaum- und weite Maiskulturen herrschen im ausgedehnten altrumänischen Hügellande vor, das sich im Osten und Süden an Gebirgsboden anschließt und in einer großen Anzahl von Zwischenterrassen den allmählichen Übergang zur Ebene vollzieht. Die tiefer gelegenen Hochflächen und Ebenen der Theiß, Altrumäniens, Beßarabiens und der Dobrudscha sind mit ihren Weizenfeldern als die eigentlichen Kornkammern des Landes anzusehen.

Im Gegensatz zum deutschen Boden ist die *Bodenzusammensetzung* in Rumänien für den Anbau landwirtschaftlicher Produkte sehr geeignet. Der in fast allen Teilen Rumäniens aus leicht verwitternden Gesteinen bestehende Boden und eine mächtige Lößlehmschicht, welche die alten Schuttkegel und Terrassenschotter bedeckt, liefern guten und fruchtbaren Ackerboden. Der Löß dehnt sich über Beßarabien, die Moldau, die Bărăgănsteppe und Dobrudscha aus und bildet die Grundlage für die für diese Gebiete charakteristische humushaltige Schwarzerde (Tschernosiom). Die stickstoffreiche Schwarzerde bildet neben den klimatischen Verhältnissen den Hauptfaktor für die nur vom russischen Weizen übertroffene Qualität des rumänischen Weizens, die sich durch ein glasiges spezifisch schweres Korn und durch großen Proteinreichtum auszeichnet [1]). Hinter der Mehlergiebigkeit des rumänischen Weizens stehen die ungarischen und amerikanischen Weizenarten um 20% zurück [2]). Kraft seines starken

---

[1]) Drăgan, Der Tschernosiom und die Weizenproduktion Rumäniens. Leipzig, Diss. 1912, S. 100.

[2]) Unter, Die landwirtschaftlichen Welthandelsartikel Rumäniens. Leipzig, Diss. 1914, S. 38.

Klebergehaltes ist rumänischer Weizen besonders in Ländern beliebt, in denen ein kleberreiches Mehl verlangt wird, und wo infolge des Kleberarmuts der dort angebauten Weizensorten, wie z. B. auch beim deutschen Weizen, eine Beimischung stärkeren Weizens erwünscht ist[1]).

Während die Landwirtschaft an den Boden als Objekt und Produktionselement gebunden ist, beschränkt sich die Gebundenheit des Bergbaus auf den Boden im wesentlichen als Standortselement. Maßgebend für ihn sind die vorhandenen *Bodenschätze*, deren Verbreitung vom geologischen Aufbau des Landes bestimmt wird. An Mannigfaltigkeit der vorhandenen mineralischen Schätze übertrifft Rumänien Deutschland. Allerdings muß gesagt werden, daß ihre Bedeutung bei Rumänien erst in der gegenwärtigen und vor allem in der zukünftigen Entwicklung seines Wirtschaftslebens liegt, da bis jetzt die im Boden schlummernden Energiequellen und mineralischen Rohstoffe nur zu einem geringen Teil und seit verhältnismäßig kurzer Zeit der Wirtschaft des Landes dienstbar gemacht werden konnten. Anders in Deutschland, dessen Rohstoffbasis, besonders Kohle und Erz, seit langem zum Entstehen einer hochentwickelten Industrie geführt hat, die der ganzen Wirtschaft des Landes ihr eigentümliches Gepräge gibt.

Als der wichtigste Bodenreichtum Rumäniens sind seine *Erdöllager* zu betrachten, die Deutschland in nennenswerter Menge fast ganz fehlen. Das Erdöl kommt am äußeren Saum des Karpathenbogens in den eogenen Flyschschichten und in den neogenen Schichten des Hügellandes vor, in den Distrikten Prahova, Dâmboviţa, Buzeu und Bacău, von denen die drei ersteren über 98 % der Gesamtproduktion des Jahres 1927 lieferten. Von der im Jahre 1927 52 452 ha großen konzessionierten Fläche standen nur 4 250 ha in Ausbeutung. Der Erdölreichtum des Landes kann ziffernmäßig kaum ausgedrückt werden, da immer noch neue Quellen erbohrt werden, und die vorhandenen sich als reicher als angenommen erweisen. Die als petroleumhaltig vermuteten Gelände werden auf 150 000 ha geschätzt, von denen 20 000 ha als petroleumhaltig erwiesen

[1]) Handbuch der Militärverwaltung in Rumänien, a. a. O., S. 31.

sind [1]). Das rumänische Petroleum ist zum größeren Teil reich an Benzin, auch sind einige Lagen paraffinhaltig. Das Petroleum ist für Rumänien als Energiequelle für seine Industrie und als wichtiges Exportgut für seinen Außenhandel, insbesondere auch mit Deutschland, bedeutsam.

Im *Erdgas* besitzt Rumänien eine hervorragende Kraftquelle, die der Entwicklung seiner Industrie zugute kommt. Das Erdgas findet sich in selbständigen reinen Lagern, vornehmlich auf dem siebenbürgischen Plateau, daneben auch im südlichen Teil Altrumäniens. In aufgelöstem Zustand und in verschiedenem Verhältnis enthalten auch fast alle Erdölquellen Erdgase, von denen aber noch der größte Teil verlorengeht. Die hochwertigsten Gase entströmen dem Boden Siebenbürgens; ihr Methangehalt von 97—99,25% ist höher als der aller anderen bekannten Gase [2]). Ihre Heizkraft von durchschnittlich 8 600 Wärmeeinheiten ist ganz außerordentlich und wird nur vom Petroleum übertroffen, das aber in seiner Verwendung und seinem Transport mit größeren Kosten verbunden ist. Von den ausströmenden Erdgasen sind in den letzten Jahren noch nicht ganz 8% verbraucht worden, doch ist diese Ziffer im Steigen begriffen und mit einer besseren Ausnutzung der entströmenden Gase in der Zukunft zu rechnen. Das Erdgas bietet als reichliche und billige Energiequelle vornehmlich denjenigen Industriezweigen, die einen großen Brennstoffverbrauch für ihre Produktion benötigen, in Rumänien günstige Entwicklungsmöglichkeiten. Als Rohstoff kann das Erdgas auch in der chemischen Industrie Verwendung finden, ist aber in dieser Hinsicht erst sehr wenig ausgenutzt worden.

Neben Erdöl und Erdgas stellen die *Flüsse* die steigerungsfähigste Kraftquelle Rumäniens dar. Sie könnten eine verfügbare Mindestzahl von über $1\frac{1}{2}$ Mill. PS. produzieren. Tatsächlich wird aber davon erst ein kleiner Teil verwertet. Immerhin lieferten die Wasserkräfte unter den 696 892 PS., die 1925 in der Industrie Verwendung fanden, 66 674 PS. Im Gegensatz zu Deutschland, dessen Flüsse im allgemeinen durch

---

[1]) l'Economiste Roumain, 1926, S. 21, nach den Feststellungen des Geologischen Instituts von Rumänien.

[2]) Chicoş, Die Bodenschätze Rumäniens, Bukarest 1926, S. 49 ff.

keine großen Gebirgsmassen gehen, ist die Konfiguration der Flußläufe Rumäniens für die Energieverwertung günstiger, da sie fast alle auf den Höhen des Karpathenbogens entspringen und rasch der Niederung zufließen.

Im Vergleich zu den reichen hochwertigen Kohlenlagern Deutschlands sind die *Kohlenvorräte* Rumäniens gering und nur ein verhältnismäßig kleiner Teil ist guter Qualität. 90% der geförderten Kohle besteht aus Lignit verschiedener Qualität, unter denen die besseren Lignite von 5 500 bis 7 400 Kalorien $^2/_3$ betragen. Das wichtigste Braunkohlengebiet liegt im Schyltal von Petroșani. Steinkohle findet sich vor allem im Banat. Die Steinkohlenproduktion belief sich 1927 nur auf $11^1/_2$% der Gesamtkohlenförderung und kann den inländischen Bedarf nicht decken. Vor allem fehlt es Rumänien — abgesehen von einem kleinen Lager bei Anina — an schwefelarmen Kohlen, die den für die Hochöfen notwendigen Koks liefern könnten.

Die *Erzvorkommen* Rumäniens im Banaterbergland und am Nord- und Westrand Siebenbürgens sind nicht bedeutend und würden bei einer Höchstausbeute, die den Gesamteisenbedarf Rumäniens aus nur rumänischen Erzen zu decken geeignet wäre, in kürzester Zeit erschöpft sein [1]). Die geringen Erz- und Kohlenvorräte und die im Vergleich zu den westeuropäischen Industriestaaten ungünstige Frachtlage werden Rumänien auch weiterhin in starkem Maße von Importen aus Deutschland und den übrigen eisenverarbeitenden Ländern abhängig machen.

Die einst bedeutsamen Goldlager des siebenbürgischen Erzgebirges sind heute weniger ihres Goldgehaltes wegen, der einen Abbau nicht mehr lohnt, als wegen der schwefelhaltigen Pyrite und Chalkopyrite, die zur Erzeugung von Schwefelsäure verwendet werden, für Rumänien wertvoll [2]).

In Zukunft dürften die riesigen Bauxitlager im Bihordistrikt, die mehr als 20 000 000 t betragen, für die Ausfuhr und die Entwicklung einer Aluminiumindustrie, welche die nötigen Wasserkräfte in unmittelbarer Nähe vorfindet, Bedeutung

[1]) Chicoș, Politica Exportului și producțiunea națională. București 1925, S. 66.

[2]) Derselbe, Die Bodenschätze Rumäniens, a. a. O., S. 70.

erlangen. Die rumänischen Bauxitvorkommen gewinnen auch deswegen an Wert, weil die französischen Lager einer Erschöpfung zuneigen und Amerikas Bestände kaum über 3 Mill. t, von übrigens geringerer Qualität, hinausgehen sollen [1]).

Rumäniens Boden birgt endlich in seinem Innern ungeheure Salzlager, die sich am Außenrand der Karpathen, am Rande des siebenbürgischen Beckens und in der Maramuresch befinden. Die rumänischen Salzstöcke enthalten mehr oder weniger reines Natriumchlorid ohne Kalisalze, die in Deutschland zusammen mit Natriumsalzen vorkommen und eins der wichtigsten künstlichen Düngemittel liefern. Zu industriellen Zwecken wird vorläufig in Rumänien nur ein geringer Prozentsatz des gewonnenen Salzes verwendet, bedeutende Mengen gehen in die salzarmen Nachbarstaaten.

2. Die Bevölkerungs- und Arbeitsverhältnisse.

Die bisher behandelten, rein von der Natur bedingten Verhältnisse unterliegen menschlicher Beeinflussung nur in mehr oder weniger beschränktem Maße, zum Teil überhaupt nicht. Anders verhält es sich dagegen mit den Arbeitsverhältnissen, bei denen wir es mit dem Menschen in seinen Beziehungen zur Wirtschaft zu tun haben. Ohne Zweifel drücken ihm die natürlichen Bedingungen ihren besonderen Stempel auf, aber neben diesen bestimmen geschichtliche Entwicklung und kulturelle Höhe seine Eigenart, die sich in seiner Leistungsfähigkeit und Leistungswilligkeit äußert. Auf dem Auswirken der *natürlichen Verhältnisse* und der Veranlagung, sowie der kulturellen Eigenart der Landesbewohner beruhen die wesentlichen Unterschiede der Bevölkerungs- und Arbeitsverhältnisse der beiden Volkswirtschaften.

Deutschlands wichtigstes Produktionselement stellt seine Arbeitskraft dar. Sie basiert auf einer dichten Bevölkerung, die schon durch die Eigenart des deutschen Klimas und der deutschen Landschaft zu anstrengender und regelmäßiger Arbeit erzogen worden ist. In Deutschland mit seinem hohen Kulturstand ist durch die tatsächlich durchgeführte allgemeine Schulpflicht und die zahlreichen Fachschulen und übrigen

---

[1]) Handelsmuseum, 1922, S. 438.

Ausbildungsmöglichkeiten eine hochqualifizierte Arbeiterschaft herangebildet worden, die sich durch leichte Organisierbarkeit, große Disziplin und Leistungsfähigkeit auszeichnet. Charakteristisch für Deutschland ist, daß schon vor Bestehen einer bedeutenderen Industrie in technischen Schulen die theoretische Basis der notwendigen Kenntnisse für die spätere praktische Verwertung und Anwendung gelegt wurde [1]). Die wissenschaftliche Forschung im Dienste der Wirtschaft und die Anwendung wissenschaftlicher Industrietechnik hat in keinem anderen Lande in gleichem Ausmaß eine Verwirklichung gefunden. Damit hat Deutschland allen Völkern, insbesondere auch Rumänien gegenüber in seiner Produktion einen Vorsprung, der sobald nicht wettzumachen sein wird. —

Rumänien ist mit 58 Einwohnern pro qkm ziemlich dünn besiedelt. Die quantitative Verfügbarkeit von Arbeitskraft ist entsprechend gering und für das Gewerbe ungenügend. Ein Drang zur Industrialisierung, hervorgerufen durch starke Bevölkerungsvermehrung, wie dies in Deutschland der Fall war, wo wir heute über 134 Einwohner auf 1 qkm zählen, besteht in Rumänien nicht und ist in nächster Zukunft nicht zu erwarten. Von der Gesamtbevölkerung von rund $17^1/_2$ Millionen Einwohnern befassen sich über 80% mit der Bodenkultur — in Deutschland dagegen nur 25%. Die Bevölkerung hat somit zum überwiegenden Teil ländlichen Charakter.

Zur Landflucht liegen seit der letzten Agrarreform, durch welche die landlosen Bauern genügend Land erhalten haben, keine Gründe vor. Den ländlichen Arbeiter oder Bauer zieht es in seiner Bedürfnislosigkeit auch gar nicht nach der Stadt, wie dies beim deutschen Landarbeiter zu beobachten ist, wodurch die Landarbeiterfrage in Deutschland immer noch ein heikles Problem bildet.

Der Rumäne war von alters her Hirte und Bauer; eine regelmäßige anstrengende Tätigkeit, die in der Industrie verlangt wird, sagt ihm bedeutend weniger zu, als eine Betätigung in der freien Natur, die ihm schon an sich viel ohne sein Zutun gibt, und wo ihm ein selbständigeres Gefühl gewahrt bleibt. Manchmal sucht der Landbewohner, von der Not gezwungen,

[1]) Pesl, Grundlagen und Zukunft der deutschen Volkswirtschaft (Volkswirtschaftliche Blätter, Berlin 1927, Jahrg. 26, S. 190).

die Fabrik auf; doch kommt es nicht selten vor, daß er nach kürzerer oder längerer Zeit, wenn er genug verdient zu haben glaubt, seine Stellung aufgibt und in die alten elenden Lebensverhältnisse zurückgeht.

Der Bauer schickt seine Kinder nur ungern auf die Schule oder zur Erlernung eines Gewerbes in die Stadt, da er ihre Arbeitskraft nicht missen will. Es mangelt ihm im allgemeinen insbesondere in Altrumänien an der nötigen Einsicht und dem Verständnis für wirtschaftliche Fragen. Schuld daran sind die *kulturellen Verhältnisse*, die auf die soziale Entwicklung des Volkes zurückzuführen sind. Der altrumänische Bauer ist Jahrhunderte lang von fremden und eigenen Herren rücksichtslos ausgebeutet worden und hat ein menschenunwürdiges Dasein führen müssen. Diese Verhältnisse haben Bedürfnislosigkeit und Gleichgültigkeit beim Bauern hervorgerufen. Die Gleichgültigkeit steigert sich zum Argwohn gegen alles Ungewohnte und Unbekannte und ist neben Kapitalmangel mit eine der wichtigsten Ursachen für die Rückständigkeit des landwirtschaftlichen Betriebes in den meisten Teilen des Landes. Der Bildungsdrang des rumänischen Bauern war gleich Null, und der Analphabetismus ist, wenn auch langsam im Abnehmen begriffen, in den Schichten des Volkes noch sehr stark verbreitet. Die Erfolge der Volksschulen sind nicht sehr groß, und an gewerblichen und kaufmännischen Mittelschulen sowie technischen Vorbildungsinstitutionen herrscht zum Teil noch Mangel.

Auch die psychische Einstellung des Städters dem Handel und Gewerbe gegenüber muß besonders in Altrumänien als für die Wirtschaft ungünstig bezeichnet werden. In höheren Kreisen Altrumäniens sah man bis vor kurzem und sieht man zum großen Teil wohl heute noch auf eine gewerbliche oder kaufmännische Tätigkeit als etwas nicht ganz Standesgemäßes herab; der Durchschnittsbürger fühlt sich zu ihr auch nicht hingezogen, sein Ideal ist die Beamtenlaufbahn. In den früher ungarischen Gebieten steht die Bevölkerung im allgemeinen auf einer weit höheren Bildungsstufe. Die landwirtschaftlichen und gewerblichen Produktionsverhältnisse tragen darum dort zum großen Teil westeuropäischen Charakter.

Aus obigen Darlegungen erklärt sich nicht nur die ungenügende Verfügbarkeit über industrielle Arbeitskräfte, insbesondere über ausreichende gelernte Arbeiter [1]), sondern auch die schwache Vertretung des national-rumänischen Elementes in der Arbeiterschaft Rumäniens. Mit der Entstehung zahlreicher neuer Unternehmungen ist die Zahl der Arbeiter bedeutend gewachsen (von 157 423 im Jahre 1920 auf 223 423 im Jahre 1924; dagegen betrug die Arbeiterzahl im Jahre 1926 nur 210 308). Da vorzüglich die Industriezweige mit überwiegend gelernter Arbeiterschaft eine Vermehrung ihrer Arbeiterzahl aufzuweisen haben, kann angenommen werden, daß sich in den letzten Jahren das Verhältnis der ungelernten zu den gelernten Arbeitern zugunsten dieser letzteren verschoben hat.

Für die Beurteilung der Arbeiterschaft Rumäniens ist es wesentlich, *ihre nationale Zusammensetzung* zu betrachten. Statistische Angaben darüber existieren nicht. Graf [2]) versucht auf Grund einer nach der Nationalität (= soziale und gesellschaftliche Gemeinschaft) getrennten Statistik der Lehrlinge — aufgenommen 1923/24 vom Arbeitsministerium — den Anteil des national-rumänischen Elementes an der Gesamtarbeiterschaft Rumäniens festzustellen und kommt dabei zu dem Ergebnis, daß

rund 70 000 Rumänen = 44,5%
„ 87 000 andere Nationalitäten = 55,5%

gegenüberstehen. Es interessiert hier nur das prozentuale Verhältnis. Zieht man in Betracht, daß von der Gesamtbevölkerung nur 26% nichtrumänischer Nationalität sind, so wird einem die überragende Stellung und Bedeutung der *Minderheiten* in der Arbeiterschaft Rumäniens klar. Eine wichtige Rolle spielt dabei insbesondere in Siebenbürgen das geschulte deutsche Element. Der gut entwickelte siebenbürgische Handwerkerstand ist in der Lage, der Wirtschaft technisch und kaufmännisch gebildetes inländisches Personal

---

[1]) Nach der Industriezählung von 1920 (Buletinul Industriei. Bucureşti 1921) standen 75 319 ungelernten nur 64 816 gelernte Arbeiter gegenüber.

[2]) Graf, Die Industriepolitik Altrumäniens und die Grundlagen der Industrialisierung Großrumäniens. Leipzig, Diss. 1927, S. 126 ff.

zur Verfügung zu stellen, und gewinnt dadurch für das ganze Land besonders an Bedeutung.

Rumänien war noch vor dem Kriege, abgesehen vom Erdöl, reines Agrarland, und nur mit Hilfe ausländischer Fachleute konnte eine eigene Industrie ins Leben gerufen werden. Spezialarbeiter, geschulte Chemiker und Techniker stammten fast durchweg aus dem Ausland und müssen auch heute noch zum Teil von dort geholt werden. Deutscher Organisationsgeist und deutsche Technik standen beim Ausbau der rumänischen Industrie an erster Stelle und beginnen in den letzten Jahren wieder an Einfluß zu gewinnen.

Leider sind, soweit feststellbar, seit der Industrieenquete von 1920 keine statistischen Zahlen über die in den wichtigsten rumänischen Betrieben beschäftigten *Ausländer* vorhanden. Nach der Enquete war der Anteil des ausländischen Elementes am größten beim technischen Personal, wo er bei der Textilindustrie über 20%, bei der keramischen 14% und bei der chemischen Industrie 8% betrug [1]). Die Arbeiterschaft gerade dieser Industriezweige ist in den ersten Jahren außerordentlich gestiegen, damit dürfte auch die Zahl der qualifizierten ausländischen Arbeiter bedeutend zugenommen haben [2]).

Jährlich wandert eine Anzahl qualifizierter Arbeitskräfte ein, während fast doppelt soviel inländische ungelernte Arbeiter das Land verlassen. Volkswirtschaftlich ist dies für Rumänien von der qualitativen Seite her gesehen ein erfreulicher Vorgang, doch müßte darnach getrachtet werden, jede Arbeitskraft dem Lande zu erhalten und zunutze zu machen [3]). Die Einwanderung deutscher Arbeiter nach Rumänien hatte nach dem Krieg stetig zugenommen, und Deutschland stand 1923, wenn man die Rückwanderungen abzieht, nach Bulgarien an erster Stelle — es folgten Tschechoslowakei, Ungarn und Österreich. In den folgenden Jahren stieg der Einwan-

[1]) Buletinul Industriei, București 1921, S. 118.

[2]) Bei Besichtigung einiger erst kürzlich im Mediascher Erdgasgebiet errichteten Unternehmungen ergab sich, daß fast die gesamte gelernte Arbeiterschaft aus Ausländern bestand.

[3]) Das im Jahre 1925 in Kraft getretene Gesetz über die Aus- und Einwanderung sucht die Einwanderung solcher Facharbeiter, die im Lande in genügender Zahl vorhanden sind, zu verhindern, dagegen die Einwanderung wirklich benötigter Spezialisten zu erleichtern.

dererstrom aus diesen Staaten, während weniger Deutsche nach Rumänien kamen[1]), was mit der Konsolidierung der Verhältnisse in Deutschland im Zusammenhang steht. Mit dem Ausbau der rumänischen industriellen Unternehmungen wächst auch die Aussicht auf weitere Beschäftigung deutscher qualifizierter Arbeiter, die in Deutschland wegen Überangebots an gelernten Arbeitskräften keine Arbeit finden können.

Ein endgültiges Urteil über den *Stand des Arbeitslohnes* kann nach den bisherigen Schwankungen, hervorgerufen durch die unsicheren wirtschaftlichen Verhältnisse und inflatorischen Erscheinungen, nicht gegeben werden. Jedenfalls entsprach die Höhe des Lohnes in den Nachkriegsjahren nicht dem durch die Geldentwertung verursachten Steigen der Lebenshaltungskosten. Laut Mitteilung des Arbeitsministeriums[2]) betrug der Index der Löhne 1924 im Vergleich zum Jahre 1914 das 21,9 fache und 1925 das 23,1 fache. Dagegen belief sich der Generalindex der Preise[3]) (1914 = 100) im Jahre 1924 auf 2,985 und 1925 auf 3,250. Betrachtet man vergleichsweise den Durchschnittswert des Goldlei für 1924 von 38,46 Papierlei und 1925 von 39,72 Papierlei, so erhält man eine richtige Vorstellung von der anormalen Billigkeit der Arbeitskraft in Rumänien. Diese geringen Arbeitskosten haben die Entstehung und Entwicklung industrieller Unternehmungen bedeutend gefördert und bildeten eine Voraussetzung für das Tragen der hohen Kapitalkosten.

Die in den folgenden Jahren eingetretene ungefähre Stabilisierung des Geldwertes und die Angleichung des inländischen Preisniveaus an die Weltmarktpreise haben auch eine teilweise Anpassung der Löhne an die gesteigerten Lebenshaltungskosten zur Folge gehabt. Die Löhne für die ungelernten und angelernten Arbeiter dürften aber auch in der folgenden Zeit, wegen der im allgemeinen anspruchsloseren Lebenshaltung des rumänischen Arbeiters, niedriger sein als in Deutschland. Doch ist nicht anzunehmen, daß Rumänien bei seiner zum erheblichen Teil aus Nichtrumänen zusammen-

---

[1]) Statistica anuală 1924 S. 5, 1927—28 S. 4 f.

[2]) Mișcarea salariilor în anul 1925.

[3]) Statistica prețurilor și indicele costului vieții în anul 1924 und 1925.

gesetzten qualifizierten Arbeiterschaft und insbesondere bei den ausländischen Spezialarbeitern auf einen Vorsprung in den Arbeitskosten Deutschland gegenüber rechnen kann, da unter normalen Bedingungen der qualifizierte Arbeiter nur dorthin strebt, wo ihm der größte Verdienst winkt.

Eine einheitliche *Sozialgesetzgebung* existiert bis heute in Großrumänien nicht, vielmehr sind in den neuen Provinzen mit wenigen Ausnahmen die alten österreichischen bzw. ungarischen Sozialgesetze, die sehr weitgehende Bestimmungen über den Schutz und die Regelung der Arbeitsverhältnisse enthalten, in Kraft geblieben. Die soziale Gesetzgebung Altrumäniens war außerordentlich im Rückstand, modernen Anschauungen entsprach nur das Gesetz von 1906 über die Kinder- und Frauenarbeit, sowie das Gesetz von 1912 über die Organisierung der Arbeiterversicherung. Bedauerlicherweise ist das erstgenannte Gesetz durch das Versicherungsgesetz von 1912 abgeschafft worden, dessen Verfügungen die Kinder- und Frauenarbeit ohne jeglichen Schutz ließen [1]).

Wegen der noch wenig entwickelten sozialen Gesetzgebung ist die Belastung der rumänischen Industrie durch soziale Abgaben verhältnismäßig gering, und diese nehmen unter den Produktionskosten nicht den gleichen Platz ein, der ihnen in Deutschland zukommt.

Die Vereinheitlichung der bestehenden und Schaffung neuer Gesetze, die den Schutz der industriellen Arbeit im ganzen Lande gleichmäßig gewährleisten, ist eine unumgängliche und dringende Notwendigkeit geworden und soll von dem 1920 ins Leben gerufenen Arbeitsministerium vorgenommen werden. —

3. Die Kapital- und Kreditverhältnisse.

Deutschlands kapitalbildende Kraft ist schon lange vor dem Entstehen einer rumänischen Industrie einer der stärksten Pfeiler seiner großen Produktionsfähigkeit gewesen. Die deutsche Industrie konnte sich, gestützt auf Kapitalquellen der eigenen Volkswirtschaft, zu einer außerordentlichen Stärke

---

[1]) Ioniţescu, in „Die wirtschaftliche und finanzielle Organisation Rumäniens", a. a. O., S. 129 ff.

Einige moderne soziale Bestimmungen enthält das Minengesetz von 1924.

und Leistungsfähigkeit entwickeln. Die Verhältnisse nach dem Kriege haben allerdings dazu beigetragen, daß auch die deutsche Industrie durch die im Ausland aufgenommenen Anleihen und die Leistungen für den Dawesplan von der Kapitalseite her stärker belastet ist als früher.

Deutschland ist in seiner kapitalistischen Entwicklung stark fortgeschritten, seine kapitalistischen Organisationsformen — wir denken an Groß- und Riesenunternehmungen, die großen Konzerne, Interessengemeinschaften und Kartelle — haben eine größere Stetigkeit und Gleichmäßigkeit in den Produktionsprozeß gebracht und bedeuten eine wesentliche Rationalisierung und damit Unkostenersparnis. Das Finanzkapital verkörpert eine wirtschaftliche Macht und Kraft ersten Ranges und ist wieder in der Lage, wenn auch als Vermittler vom Ausland, der Produktion des Landes die erforderlichen Kapitalien zu erträglichen Bedingungen zur Verfügung zu stellen, Verhältnisse, von denen Rumänien noch weit entfernt ist. —

Aus den vorhergehenden Ausführungen ergibt sich, daß Rumänien nur eine ganz geringe eigene *kapitalbildende Kraft* aufzuweisen hat. Altrumänien vor dem Kriege, ebenso wie Bessarabien und die Dobrudscha, fast reine Agrarländer, Siebenbürgen, wenn auch mit bedeutenderen industriellen Anfängen, so doch vor allem landwirtschaftlich orientiert, verleihen dem gesamten Land überwiegend landwirtschaftlichen Charakter, der in der Ausfuhr von Lebensmitteln und Rohstoffen zum Ausdruck kommt. „Bei den Rohstoffen (aber) werden weniger Produktionsstadien als bei den Fabrikaten durchlaufen, was zur Folge hat, daß aus dieser Ausfuhr ceteris paribus weniger Volkseinkommen entsteht, als es bei Fertigfabrikaten der Fall ist“ [1]). Dies gilt für Altrumänien vor dem Kriege noch in bedeutend stärkerem Maße, und die zur Entwicklung seiner Wirtschaft nötigen Kapitalien stammten fast durchweg aus dem Ausland. $^9/_{10}$ der rumänischen Staatsanleihen mußten auf ausländischen Finanzplätzen placiert werden [2]),

---

[1]) Zitiert bei Schulz, Die Gestaltung des Außenhandels bei Schuldnerstaaten, Karlsruhe 1926, S. 25 aus Mombert, Die Gefahr einer Übervölkerung für Deutschland, S. 26.

[2]) Francis-Bernard, Les finances de la France, de l'Angleterre, de l'Allemagne et de la Roumanie de 1914—1924, Paris 1925. S. 170.

sie kamen in Form von Produktionsmitteln und Eisenbahnmaterial ins Land und wurden hauptsächlich zum Ausbau der Verkehrsstraßen und Verkehrsanstalten verwendet. Daneben haben ausländische Kapitalien in der altrumänischen Wirtschaft durch finanzielle Beteiligungen oder Errichtung selbständiger Unternehmungen in der Bankwelt und im größten Umfang in den Zweigen der Industrie mit betont stehendem Kapital reichlich Anlage gefunden [1]).

Eine gleich hervorragende Rolle hat das ausländische Kapital in der Wirtschaft Großrumäniens erst mit dem Abschluß der großen „Stabilisierungs- und Aufbauanleihe 1929" zu spielen begonnen [2]). Die dem rumänischen Staat in den Jahren nach Friedensschluß vom Ausland gewährten Kredite hatten im allgemeinen keinen produktiven Charakter, sie dienten mit wenigen Ausnahmen (z. B. Anschaffung von Lokomotiven) der Ordnung des staatlichen Schuldendienstes und militärischen Zwecken [3]).

Zur Befriedigung der dringendsten Staatsbedürfnisse mußte die Regierung ihre Zuflucht zur Notenpresse nehmen. Die Emission der Nationalbank, des Noteninstituts des Staates, findet von 1919 bis 1921 nur zur Deckung des Staatsbedarfes statt. Erst von 1922 ab werden die Noten lediglich für wirtschaftliche Zwecke emittiert, was in der Erhöhung der Diskontkredite und der Verminderung der Staatsschulden zum Ausdruck kommt [4]). Praktisch hat die Nationalbank auf die Kreditverhältnisse innerhalb des Landes bis 1929 keinen Einfluß nehmen können, da ihr die geeigneten Unterlagen für eine wirksame Kreditpolitik fehlten [5]). Der unsicheren wirtschaftlichen und politischen Verhältnisse wegen hielt sich das ausländische Privatkapital von Rumänien in nennenswertem Umfange fern, und die Wirtschaft des Landes blieb sich im allgemeinen selbst überlassen.

---

[1]) So ist die rumänische Petroleumindustrie fast ausschließlich mit ausländischem Kapital geschaffen worden. Vgl. unten VI. 2.

[2]) Vgl. unten ebda.

[3]) Vgl. unten ebda.

[4]) Rommenhöller, Großrumänien, Berlin 1926. S. 690.

[5]) Der Goldschatz der Nationalbank, der immer noch im Ausweis der Nationalbank als Guthaben erschien, ging während des Krieges in Moskau verloren. Vgl. zur Reorganisation der Nationalbank unten S. 97.

Die kräftigste Stütze für den Wiederaufbau der durch den Krieg geschädigten Industrie, sowie den weiteren Ausbau und die Neugründungen zahlreicher Unternehmungen bildeten die *rumänischen Banken*, die in der Wirtschaft des Landes eine hervorragende Rolle spielten. Die Entwicklung der Banken läuft parallel mit der Entwicklung der Industrie, an der sie sich nach deutschem System mit großen Summen, sei es durch Aktienerwerb oder direkte Finanzierung von Unternehmungen, beteiligen. Die von der Diskontogesellschaft und S. Bleichröder und Vertretern des rumänischen Handels und der rumänischen Industrie 1897 gegründete Banca Generală Română war die erste Bank in Rumänien, die nach deutschem Vorbild als „banque d'affaires" auftrat und ihre Mittel industriellen und kommerziellen Unternehmungen zur Verfügung stellte [1]). Ihre Geschäftspolitik ist für das ganze rumänische Bankwesen vorbildlich geworden, und die meisten rumänischen Banken, die früher das französische System vertraten, haben heute ähnliche Geschäftsprinzipien angenommen.

Verschiedene Umstände waren für die Umbildung der rumänischen Banken in Industrie- und Gründungsbanken und damit für ihre enge *Verkettung mit der Industrie* und die Förderung dieser bestimmend. Infolge der Inflation wuchsen die Bankdepositen stark an. Mit der Zerschlagung des Großgrundbesitzes durch die Agrarreform hört die Tätigkeit der Banken in der Landwirtschaft auf und die in Form des Wechselkredites früher in den großen Gütern festgelegten Kapitalien werden frei und drängen nach einer anderweitigen Anlage, die sie in der Industrie und im Handel finden. Die Beteiligung der Banken an der Industrie wird gefördert durch die Umwandlung zahlreicher privater Unternehmungen in Aktiengesellschaften und durch die Nationalisierung der Unternehmungen mit fremdem Kapital [2]). Es sind dies die wichtigsten Voraussetzungen von der Kapitalseite her für die Möglichkeit zahlreicher Neugründungen und Umwandlungen von Unternehmungen, wobei die industriellen Unternehmungen zahlen-

[1]) Strasser, Die deutschen Banken im Ausland, München 1925, S. 76.

[2]) Vgl. Rommenhöller, a. a. O., S. 704 ff.

und kapitalmäßig an erster Stelle stehen, wie folgende Tabelle zeigt:

Art der A.-G.	Anzahl	Kapital 1919	Anzahl	Kapital 1927[1]).
Banken	486	711.300.000	1.099	8.171.657.612
Industrieges.	321	1.007.100.000	1.234	26.776.085.831
Handelsges............	100	132.100.000	399	1.848.691.506
versch. Gesellschaften .	22	131.584.376[2])	67	471.451.005[3])
zusammen	929	1.982.084.376	2.799	37.267.885.955[4])

Stark eindämmend wirkten auf die Entwicklung der Wirtschaft des Landes die Deflationspolitik der Nationalbank und die großen Kursschwankungen des Geldwertes sowie die Anpassung der Inlandpreise an das Weltmarktpreisniveau. War der *Zinsfuß* in der Inflationsperiode bis 1923 nur mäßig und allmählich gestiegen, so erreichte er in den folgenden Jahren mit einer ungewöhnlich scharfen Geldknappheit die abnorme Höhe von 25 bis 35% und mehr, die auf das rumänische Wirtschaftsleben notwendigerweise lähmend wirken und die Rentabilität der Unternehmungen beeinträchtigen mußte. Die Banken erwiesen sich in dieser Zeit zur Deckung der Kapitalbedürfnisse der Industrie als nicht ausreichend, da sie langfristige Kredite zu erträglichem Zinsfuß nicht gewähren konnten. Das stark angeschwollene Portefeuille der Banken mit schwer liquidierbaren Industriewerten belastete indirekt auch die Notenbank und beeinträchtigte die Umlaufsgeschwindigkeit des Geldes.

Da der Notenbank die Gewährung von Krediten an die Industrie verboten war und sie dazu allein auch nicht imstande gewesen wäre, schuf man 1924 unter maßgebender Beteiligung des Staates und der Nationalbank die „*Societatea Națională de Credit Industrial*“, die den Kreditbedürfnissen der

---

[1]) Statistica societăților pe acțiuni 1925 und 1927.

[2]) Berechnet nach obigen Angaben.

[3]) Davon Versicherungsgesellschaften 28 mit einem Kapital von 294.720.000 Lei.

[4]) Bei der Kapitalangabe von 1927 muß die Geldentwertung berücksichtigt werden, doch würde eine Reduzierung des Kapitalbetrages an Hand des Goldleukurses nicht den wahren Kapitalwert ergeben, da eine große Anzahl von A.-G. (insbes. der Holzindustrie) keine dem Umfang der Geldentwertung entsprechende Kapitalerhöhungen vorgenommen haben. Statistica societăților pe acțiuni 1925 S. XLV.

Industrie gerecht werden sollte. Durch Gewährung von langfristigen Krediten zu mäßigem Zinsfuß wollte man der Industrie die Umwandlung ihrer kurzfristigen Verpflichtungen in langfristige ermöglichen. Das Institut hat daneben dem Zweck zu dienen, nicht nur die schon vorhandene, sondern auch die noch zu gründende Industrie durch entsprechende Kredite zu fördern.

Für den Wirtschaftsverkehr mit dem Ausland gewinnt der Credit Industrial durch die Tatsache an Bedeutung, daß er berechtigt ist, Zahlungsgarantie für im Inland benötigte importierte Maschinen, Akzessorien und Rohmaterial dem Ausland gegenüber in ausländischer Währung zu übernehmen und damit das Risiko der Zahlungserfüllung für den ausländischen Exporteur so gut wie ganz auszuschalten. Wie weit in diesem Sinne vom Institut Gebrauch gemacht worden ist, wird nicht gesagt, dagegen hat der Credit Industrial in den drei ersten Jahren seines Bestehens der Industrie in 593 Fällen meist langfristige Kredite im Gesamtbetrag von 3 052 363 000 Lei gewährt. Es ist dies knapp ein Drittel der angeforderten Kreditsummen (10 900 Mill. Lei), woraus erhellt, daß die dringendsten Kreditbedürfnisse nur zum Teil gedeckt werden konnten [1]).

Der Zinsfuß der vom Institut bewilligten Kredite beträgt 9—10% und liegt somit zwar erheblich unter dem gegenwärtig üblichen Landeszinsfuß, ist aber doch noch sehr viel höher als in Westeuropa. Rumänien gehörte immer zu den Ländern, welche die höchsten Zinsen zahlen mußten, ein Umstand, der sich bei der Wettbewerbsfähigkeit insbesondere der rumänischen Industrie mit dem Ausland bei der Wiederkehr normaler Produktionsverhältnisse sehr stark geltend machen wird, dies um so mehr, da heute in noch weit größerem Maße wie früher die Technik außerordentlich hohe Anforderungen an die Kapitalgröße der Unternehmungen stellt. —

Basis und Stärke des rumänischen Wirtschaftslebens liegen nach wie vor in der *Landwirtschaft*, die unter den ungünstigen *finanziellen Verhältnissen* stark zu leiden hatte.

---

[1]) Vgl. zum Credit Industrial l'Economiste Roumain, 1926, S. 42 ff. und Sigerus, Wirtschaftsstatistisches Jahrbuch Rumäniens, Hermannstadt 1928, S. 99.

Die Großgrundbesitzer waren früher in der Lage, sich entsprechend umfangreiche Kredite zu verschaffen, und sie dank der Extensität ihrer Wirtschaft und der minimalen Löhne aus der Produktion mit Gewinn herauszuwirtschaften. Dem Kleinbauern von heute stehen diese Kapitalien nicht mehr zur Verfügung, sie sind auf ihre Kreditgenossenschaften, Raiffeisenvereine und Volksbanken angewiesen, die dank ihrer Verbreitung und Organisation wohl berufen sein werden, eine große wirtschaftliche Bedeutung zu erlangen, denen es aber vorläufig an den notwendigen finanziellen Mitteln, die aus den eigenen Wirtschaftskreisen aufgebracht werden müssen, fehlt.

Durch die Agrarreform erhielten zwar die landlosen Bauern Acker und Weide, doch sind sie mit den notwendigen Betriebsmitteln nicht ausgestattet worden. Irgendwelche Investitionen und damit eine Modernisierung und Rationalisierung der Landwirtschaft kommen unter den heutigen Verhältnissen nur in äußerst beschränktem Maße in Betracht, und doch drängt gerade der Kleingrundbesitz zur Intensivierung des Betriebes. In Rumänien, wo die Erträge pro ha noch sehr gering sind, ist die Lösung der Frage der Ermöglichung einer intensiven Landwirtschaft für die ganze Volkswirtschaft von vitalstem Interesse. Die Landwirtschaft hat eine Kredithilfe, wie sie die Industrie durch den Credit Industrial erhalten hat, vom Staat entbehren müssen und ist von ihm durch die Wirtschaftspolitik in den Jahren nach dem Kriege empfindlich geschädigt worden. Erst die nationale Bauernregierung, die im Herbst 1928 die liberale Herrschaft ablöste, kündigte eine großzügige Kredithilfe für die Landwirtschaft an und hat inzwischen zur Befriedigung der dringendsten Bedürfnisse Mittel zur Verfügung gestellt.

II. Bedarf und Überschuß.

Die behandelte Differenzierung der natürlichen und kulturellen Produktionsbedingungen in ihrer Auswirkung auf das Verhältnis von Produktion und Konsumtion zusammen mit den politischen Einwirkungen bestimmen den Bedarf und Überschuß der beiden Volkswirtschaften. Der Mangel an einheimischen Gütern oder Kapital und Arbeitskräften und der Bedarf nach fremder Ergänzung führen zum zwischenstaatlichen Verkehr. Im folgenden werden für Deutschland und Rumänien der zwischen dem Inland und Ausland sich vollziehende Warenverkehr — in dem die Ein- und Ausfuhrbedürfnisse in Erscheinung treten — sowie die landwirtschaftliche und gewerbliche Produktion Rumäniens dargestellt.

1. Die Struktur des Außenhandels der beiden Länder.

Das dichtbevölkerte und wirtschaftlich wie kulturell hochentwickelte *Deutsche Reich* mußte seit den sechziger Jahren des vorigen Jahrhunderts zur Ausnutzung seiner reichlichen und hochwertigen menschlichen Arbeitskräfte Erzeugnisse, bei deren Herstellung dem Produktionsfaktor Arbeit der größtmöglichste Anteil zukommt, auf den Markt bringen, um mit diesen die Einfuhr der für die Erhaltung seiner Bevölkerung und für gewerbliche Zwecke notwendigen Naturprodukte bezahlen zu können. Der deutsche Boden als Produktionsfaktor und die eigenen Rohstoffquellen genügten der weiteren Versorgung und Entfaltung der deutschen Volkswirtschaft nicht mehr. Damit wurde auch der Charakter der deutschen *Einfuhr* durch den notwendigen Zuschuß von *Lebensmitteln* und durch den *Rohstoffbedarf der Industrie* und das Wesen der deutschen Ausfuhr durch den *Export hochwertiger Fertigfabrikate* bestimmt.

Deutschlands Rohstoffbasis hat sich infolge des Weltkrieges wesentlich verschmälert, während bei seiner Bevölkerung keine entsprechende Verminderung eingetreten ist [1]. Der Gebietsverlust traf einen Teil der besten landwirtschaftlichen Gebiete, die vor dem Kriege beträchtliche Überschüsse an Brotgetreide, Kartoffeln, Rindern, Schweinen und Futtermitteln lieferten. Durch die Abtretung wichtiger Rohstoffgebiete hat die Abhängigkeit der deutschen Volkswirtschaft vom Ausland beträchtlich zugenommen, und ihre Entwicklung steht viel stärker unter dem Einfluß der Einfuhr wie früher.

Die weiterverarbeitende Industrie wurde im allgemeinen durch ihre Lage im Innern des Landes von bedeutenderen Verlusten bewahrt und damit „die deutsche Volkswirtschaft dem Zustand einer reinen *Veredelungswirtschaft* wesentlich näher gebracht" [2]. Die Ausfuhr hochwertiger Fabrikate muß notwendigerweise immer mehr im deutschen Außenhandel an Bedeutung gewinnen, um die gesteigerte Einfuhr von Rohstoffen zu ermöglichen. Durch das Dawesabkommen wird Deutschland gezwungen, nicht nur ein Gleichgewicht zwischen Ein- und Ausfuhr im erwähnten Sinne herbeizuführen, sondern noch eine weitere Steigerung der Ausfuhr über das Maß hinaus, das aus der Notwendigkeit der Einfuhrbezahlung sich ergibt, zur Abtragung der gewaltigen Lasten vorzunehmen [3].

Bei Betrachtung des *Außenhandels* der letzten Jahre muß auf die teilweise anormalen wirtschaftlichen Zustände und handelspolitischen Maßnahmen, die auf Produktion und Konsumtion und damit auf den Außenhandel eingewirkt haben, Rücksicht genommen werden. Als Folge der politischen Ereignisse konnte erst im Jahre 1925 eine lückenlose Erfassung des deutschen Außenhandels seit 1922 durchgeführt werden. Der Fortfall der einseitigen Meistbegünstigung am 10. 1. 1925 ermöglichte nach dem Kriege zum ersten Male

---

[1] So kamen auf 100 ha landwirtschaftlich genutzter Fläche im Jahre 1923 209 Menschen gegen 195 im Jahre 1914. Vgl. Esslen, Die Politik des auswärtigen Handels, Stuttgart 1925. S. 323.

[2] Schulz, a. a. O., S. 27.

[3] Wiedenfeld, Die Aufgaben der deutschen Handelspolitik. Dresden 1925.

eine freie Außenhandelsbetätigung. Die Einfuhr des Jahres 1925 wird durch die Voreindeckungen, die infolge des Wegfalls der einseitigen Meistbegünstigung und der Zolltariferhöhungen vorgenommen wurden, sowie durch die Realisierung der vom Ausland gewährten Kredite und Anleihen beeinflußt. 1926 wirken sich diese Vorratseindeckungen in einer Einfuhrbeschränkung aus, die durch die wirtschaftliche Depression im Innern des Landes bestimmt wurde [1]. 1927 dagegen verzeichnete die Einfuhr eine beträchtliche Steigerung, die sogar den Import von 1913 übertrifft und auf die Realisierung der im Ausland aufgenommenen Anleihen und die günstige Inlandkonjunktur zurückzuführen ist. Auch die Ausfuhr ist 1927 gegenüber der des Vorjahres gestiegen.

Aus Tabelle II [2]) der Gliederung des Gesamt-Außenhandels ergibt sich, daß die *Gruppen lebender Tiere, Lebensmittel und Getränke* bis 1926 eine stetige prozentuale Steigerung ihres Anteils an der Gesamteinfuhr aufweisen, von der sie über $^1/_3$ ausmachen, womit Deutschlands starke Abhängigkeit von ausländischen Nahrungsmitteln dokumentiert wird. Der Anteil erhöht sich ganz bedeutend, wenn zu den beiden ersten Gruppen noch alle unmittelbar oder mittelbar der Ernährung und dem Genuß dienenden Waren wie Sämereien und Ölfrüchte, Ölkuchen und Kleie, Tabak, Hopfen, Därme, natürliche und künstliche Düngemittel hinzugezählt werden.

Die prozentual und absolut geringeren Zahlen von 1924 sind noch Folgeerscheinungen der Inflation und Stabilisierung; die Lebenshaltung des deutschen Volkes fing 1924 erst an einem normalen und friedensmäßigen Niveau entgegenzustreben. Die Fortschritte in dieser Beziehung kommen in den Anteils- und absoluten Ziffern der nächsten drei Jahre zum Ausdruck, in denen beträchtliche Einfuhrsteigerungen bei Weizen und Futterkorn festzustellen sind, für 1925 auch bei Fleisch, Speck, Fleischwürsten, Butter, Eiern, die aber in den Jahren 1926 und 1927, mit Ausnahme der Eier, einen Rückgang erkennen lassen. Die Genußartikel zeigen dagegen für 1927 gesteigerte Einfuhrwerte. Stark gefallen ist die Einfuhr der Fertigfabri-

---

[1]) Wirtschaft und Statistik, 1927, S. 71 ff.

[2]) Vgl. Statistischen Anhang, Tabelle II.

kate Mehl, Graupen und anderer Müllereierzeugnisse, 1926 auch der Import von Wein, der aber 1927 über den Einfuhrwert von 1925 steigt. In der Ausfuhr ist der fallende Anteil der Lebensmittel 1926 noch gering, 1927 dagegen beträchtlicher. Nur die Exporte von Mehl, Graupen — begünstigt durch das Einfuhrscheinsystem — haben zugenommen.

Die Einfuhr von *Rohstoffen* und *halbfertigen Waren* stellt mit fast der Hälfte der Gesamteinfuhr den größten Importposten dar. Sein fallender Anteil ist 1925 auf den verminderten Import von Kohle und Koks sowie von Textilrohstoffen und 1926 auf den allgemeinen Rückgang der Rohstoffeinfuhr zurückzuführen. Hier macht sich die oben erwähnte Voreindeckung von 1925 bemerkbar. 1927 finden die im Ausland realisierten Anleihen ihren Niederschlag in einer starken Einfuhrsteigerung von Rohstoffen und halbfertigen Waren. Fast sämtliche Artikel weisen ganz beträchtliche Einfuhrzunahmen auf.

Das starke Wachsen des Anteils der Rohstoffe und halbfertigen Waren an der Gesamtausfuhr im Jahre 1926 erklärt sich hauptsächlich aus den außerordentlich gestiegenen Exporten von Kohle und Koks, die 1926 durch den englischen Bergarbeiterstreik begünstigt, ein bisher nicht erreichtes Ausmaß angenommen haben. 1927 gingen diese Exporte wie vorauszusehen war zurück und damit auch der Anteil der Rohstoffe und halbfertigen Waren an der Gesamtausfuhr.

Der Anteil der *Fertigfabrikate* an der Gesamteinfuhr ist verhältnismäßig gering, zeigt aber für 1927 infolge der Anleiherealisierungen im Ausland eine Steigerung, die in den absoluten Werten sehr bedeutend ist. Auf der Exportseite repräsentieren die Fertigfabrikate $^3/_4$ der Gesamtausfuhr und bilden das eigentliche Charakteristikum der deutschen Ausfuhr. Der Anteil an dem Gesamtexport hat — nach einem vorübergehenden Rückgang zugunsten des Rohstoffanteils 1926 —, im Jahre 1927 fast den Stand von 1925 erreicht. Für die genannten Jahre ist eine anhaltende Erhöhung des absoluten Wertes der Fertigfabrikatausfuhr zu konstatieren, an der Walzwerkserzeugnisse und Eisenwaren, Maschinen, Textilfertigwaren, elektrotechnische Erzeugnisse, Farben und chemische Erzeugnisse in erster Linie beteiligt sind.

Ein fast genau entgegengesetztes Bild zeigen die *rumänischen Ein- und Ausfuhrbedürfnisse.* In Rumänien findet Ausfuhr von Boden bzw. von Boden plus Arbeit und Einfuhr von Arbeit statt. Rumänien steht noch auf der Entwicklungsstufe der Staaten, die, weil sie exportieren, importieren können, doch erfährt dieser Zustand mit dem Ausbau der rumänischen Industrie eine Umwandlung. Der *Export* verteilt sich auf eine verhältnismäßig geringe Anzahl von Produkten, fast ausschließlich auf *Lebensmittel und Rohstoffe,* die alle mehr oder weniger lebensnotwendige und unentbehrliche Artikel darstellen. Der *Import* zeigt gleich dem Export Deutschlands eine große Mannigfaltigkeit und besteht sozusagen nur aus *Fertigfabrikaten,* unter denen die produzierten Produktionsmittel, die der Entwicklung der rumänischen Volkswirtschaft dienen, eine hervorragende Stellung einnehmen.

Die rumänischen Zolltarifgruppen entbehren einer Einteilung nach volkswirtschaftlichen Gesichtspunkten. Um den Außenhandel der beiden Staaten auf einen gemeinsamen Nenner zu bringen, und seine Struktur plastisch herauszuarbeiten, habe ich den *rumänischen Außenhandel nach den Warengruppen des internationalen Verzeichnisses gegliedert* und bin zu dem in Tabelle II festgehaltenen Ergebnis gekommen [1]).

Lebende Tiere werden mit Ausnahme von einzelnen Exemplaren für Zuchtzwecke nicht eingeführt, dagegen spielen sie auf der Ausfuhrseite eine bedeutendere Rolle, die bis 1925 in steigenden Werten zum Ausdruck kommt. Am größten ist die Ausfuhr von Rindern und Schweinen, von der der Schweineexport 1925 das $2^1/_2$ fache von 1924 betrug, was vornehmlich auf handelspolitische Erleichterungen [2]) zurückzuführen ist. 1926 und 1927 [3]) geht der Export von lebenden Tieren jedoch wieder erheblich zurück.

In der Einfuhr erreichen *Lebensmittel und Getränke* keinen hohen Prozentsatz. Es handelt sich vor allem um Kolonial-

---

[1]) Vgl. Statistischen Anhang, Tabelle II. Anmerkung 4.

[2]) Vgl. unten III. 1.

[3]) 1927 betrug der Anteil der lebenden Tiere am Gesamtexport nur 6,5%.

waren, unter denen Rohkaffee, geschälter Reis und Tee, sowie Oliven an erster Stelle stehen [1]).

Lebensmittel sind die wichtigsten Ausfuhrartikel Rumäniens. Als charakteristisch und maßgebend müssen die Quoten dieser Gruppe von 1924 und 1926 angesehen werden. Sie sind 1923 noch höher als in den folgenden 3 Jahren. Der geringe Anteil von 1925 ist in der Hauptsache durch die schwache Ernte von 1924 bedingt.

An erster Stelle stehen in der Ausfuhr *Zerealien* und deren Derivate, die 1923 49,5%, 1924 43,2%, 1925 25,3% und 1926 36,8% der Gesamtausfuhr ausmachen. Die Ausfuhr von Mais repräsentiert den größten Wert; sie ist 1925 am wenigsten gefallen [2]) und erreicht im Jahre 1927 eine Rekordziffer. Es folgen dem Werte nach Gerste, Weizen, Weizenmehl, Hafer, Hirse und Roggen. Stark zugenommen hat die Ausfuhr von tierischen Lebensmitteln, in erster Linie von frischem Fleisch und Eiern, von denen die letzteren in dieser Kategorie den ersten Rang einnehmen. Bedeutend ist auch die Ausfuhr von Gemüse und Hülsenfrüchten, insbesondere von Speisebohnen, deren Export seit 1923 allerdings einen Rückgang zeigt. Zu nennen sind noch vegetabilische Öle und Obst. Der Export von Äpfeln hat 1925 außerordentlich zugenommen, während die Ausfuhr von Nüssen — dem bedeutendsten Posten unter dem Obst — im folgenden Jahr sogar eine Steigerung aufs doppelte erfuhr.

Die Einfuhr von *Rohstoffen und halbfertigen Waren* ist verhältnismäßig gering. Der Eisen- und Steinkohlenarmut Rumäniens entsprechend wird vornehmlich Walzeisen und Steinkohle importiert. Eine ganz ungewöhnliche Importzunahm weist 1925 Rohbaumwolle auf, die auf den starken Ausbau der rumänischen Textilindustrie zurückzuführen sein dürfte.

In der Ausfuhr gewinnt die dritte Gruppe dank des steigenden Exportes von *Erdölprodukten* ständig an Bedeutung. Die Erdölprodukte sind nach den Zerealien die wichtigsten

---

[1]) Infolge der schlechten Weizenernte von 1924 war im Jahre 1925 auch die Einfuhr von Weizen und Weizenmehl ganz bedeutend.

[2]) Jahre mit schlechter Weizenernte haben meist eine gute Maisernte zu verzeichnen; es wird dadurch ein gewisser Ausgleich im Zerealienexport geschaffen, der volkswirtschaftlich sehr bedeutsam ist.

Ausfuhrartikel Rumäniens, ihr Anteil (einschließlich Asphalt und Erdharz) betrug 1924 11,9%, 1925 19,8% und 1926 24,8% der Gesamtausfuhr. Abgesehen von der beträchtlichen prozentualen Steigerung — die 1925 allerdings durch den Ausfall des Zerealienexportes mit bedingt wurde — hat auch eine ganz gewaltige absolute Zunahme des Exportes von Erdölprodukten stattgefunden, die sich auch im Jahre 1927 fortgesetzt hat. Die Ausfuhr von Benzin, dem bedeutendsten Posten, hat sich seit 1924 mehr als verdoppelt. Die Menge des exportierten raffinierten Petroleums, dem zweitgrößten Posten dieser Kategorie, hat auch stark zugenommen und die der exportierten Petroleumresiduen hat sich sogar verdreifacht. Der Grund für diese stark erhöhten Exportmengen liegt in der Steigerung der Erdölproduktion Rumäniens.

Die *Holzausfuhr*, die bis 1925 im rumänischen Gesamtexport an zweiter Stelle stand, ist infolge der allgemeinen Geldknappheit und Verkehrskrise 1926 stark gefallen. Die Ausfuhr von Holz betrug 1924 19,1% (abzüglich der Holzfabrikate) 1925 21% und 1926 15,2% der Gesamtausfuhr. Dem Werte nach entfallen 5/6 des exportierten Holzes auf Bauholz, in der Hauptsache Nadelholzbretter, und $^1/_6$ auf Brennholz (1925 und 1926). Während der Anteil und absolute Wert des Bauholzes 1925 stark zugenommen hat, ist der des weniger wertvollen Produktes, des Brennholzes, gefallen.

Der rumänische Einfuhrhandel erhält sein Gepräge durch die *Fertigfabrikate*, die rund 84% der Gesamteinfuhr ausmachen; bei der Ausfuhr dagegen spielen sie keine Rolle. In der Einfuhr stehen dem Werte nach allen Waren voran Erzeugnisse aus *pflanzlichen Spinnstoffen und Konfektion* mit zusammen 32,1% 1924, 31,9% 1925 und 28% 1926. Die wichtigsten Artikel sind: Baumwollgarne, Baumwollgewebe, Baumwollsocken, Plüsche und Samte aus Baumwolle, Baumwollgewebe aller Art, sowie Jutesäcke. 1924 gegenüber ist nur in besseren Geweben wie Plüsch, Samt, Vorhänge usw., sowie in Baumwollsocken eine Zunahme zu konstatieren.

An zweiter Stelle folgen in der Einfuhr 1924—26 mit rund 16% *Metallerzeugnisse* und mit 6,2%, 6,6% und 1926 10,1% *Maschinen*. Unter den Maschinen überwiegen die Kraftmaschinen und unter diesen wieder 1924 die mit Dampf und 1925/1926 die mit Petroleum und seinen Derivaten betriebenen. Nähmaschinen jeder Art stellen auch einen wichtigen Importartikel dar, der stark gestiegen ist, ebenso Dynamos und andere elektrische, landwirtschaftliche und nicht besonders genannte Maschinen [1]). Von Metallerzeugnissen repräsentieren die in der Petroleumindustrie verwendeten Röhren aus gewalztem Eisen den höchsten Wert. Bleche und Platten aus Walzeisen, Eisenbahnschienen, Gegenstände und Arbeiten aus gewalztem Eisen, sowie aus Gußeisen und Gußstahl, Kabel und Seile aus Eisendraht, Kessel- Schmiedearbeiten, Raffinatoren usw., Bolzen, Schrauben usw., Geräte aus Eisen insbesondere Pflüge, Eggen und andere landwirtschaftliche Geräte, Werkzeuge aus Stahl und Eisen sind die bedeutendsten Posten und weisen fast durchweg eine Zunahme auf.

Der dritte Rang kommt *Wollgeweben und Wollgarnen* zu, 1924 9,4 % 1925 6,4 % und 1926 6,8 % des Gesamtimports. Von dem Rückgang werden am stärksten Gewebe und gewirkte Stoffe, die bedeutendsten Artikel dieser Kategorie, betroffen; gefärbte zweidrähtige Wollgarne sind auch mit einem geringeren Wert vertreten, dagegen ist der Import von ungefärbten eindrähtigen Wollgarnen fast auf das 10fache gestiegen. Auch diese Veränderungen ließen sich für den Fall, daß sie weiter anhalten, auf die Erstarkung der inländischen Textilindustrie zurückführen.

Die Einfuhr von Fahrzeugen aller Art (2,7 %, 6 % bzw. 9,5 %), darunter vor allem Eisenbahnwaggons, hat sich 1924 gegenüber mehr als verdreifacht. Es folgen dem Werte nach in der Einfuhr Seidenwaren (4,4 %, 2,1 % und 1,9 %), Lederwaren (1,9%, 2,3% und 2,5%), Kautschukwaren und Erzeugnisse aus anderen Pflanzensäften (1,4 % 2,1 %, 2,6 %), chemische und

---

[1]) Seraphim (Die Handelspolitik Großrumäniens, in Schriften des Vereins für Sozialpolitik. 1926. Band 171, 3. S. 312 ff.) hat auf Grund der Warennachfrage rum. Zeitschriften und Zeitungen festgestellt, welche Arten von Maschinen in Rumänien in erster Linie bevorzugt werden und nennt als solche: Motore jeder Art, landwirtschaftliche Maschinen, Textilmaschinen, wie Strick- und Nähmaschinen, Sortiermaschinen, Reinigungsmaschinen, Maschinen für Holzbearbeitung, Präzisionsapparate, Taxameter usw.

pharmazeutische Erzeugnisse (1,7 % in den Jahren 1924/25 und 1,9 % im Jahre 1926), Glaswaren (1 %, 1,4 % und 1,2 %), Papier (2,2 %, 1,3 % und 1,1 %)[1]), Porzellan, Ton-, Steinwaren, Explosivstoffe, Farben und Lacke, Holzwaren, Uhren usw.

2. Die landwirtschaftliche und gewerbliche Produktion Rumäniens.

Die rumänischen Erzeugnisse zeigen im Außenhandel wie in der Produktion des Landes ungefähr die gleiche Rangstufe. Der Wert der *landwirtschaftlichen Produktion* einschließlich der Viehwirtschaft wird für 1926 auf 2,5 Milliarden Goldlei geschätzt. Die industrielle Produktion Rumäniens soll dagegen nur 200 Millionen Goldlei, das sind 8 % der land- und viehwirtschaftlichen Produktion, erreicht haben[2]), dürfte aber tatsächlich höher sein.

Tabelle I[3]) gibt über Anbaufläche, Produktion und Ertrag, sowie über den Export des *rumänischen Getreides* im letzten Jahrfünft Aufschluß. Die Anbauflächen haben 1925 den friedensmäßigen Stand zum erstenmal etwas überschritten, und weisen — nach vorübergehendem Rückgang — 1928 eine erfreuliche Steigerung auf. Im einzelnen bemerken wir gegen die Vorkriegszeit eine Verschiebung der Anbauflächen zugunsten der weniger wertvollen Produkte Mais, Gerste und Hafer. Für den starken Anbauflächenrückgang in der Nachkriegszeit sind auch handelspolitische Maßnahmen ausschlaggebend gewesen[4]), welche die Weizenproduzenten am empfindlichsten trafen.

Bei der Produktion läßt sich mit Ausnahme des guten Erntejahres 1926 ein dauernder Tiefstand konstatieren; selbst 1926 ist die Produktion von der Friedenshöhe besonders bei

---

[1]) Alle Prozentzahlen der Gesamteinfuhr wurden vom Wert der betreffenden Warenkategorie abzüglich der Rohstoffe und halbfertigen Waren berechnet.

[2]) L'Economiste Roumain, 1927, S. 60. Diesen Schätzungen kann wie jeder Produktionsstatistik nur stark bedingter Wert zugesprochen werden.

[3]) Vgl. Statistischen Anhang, Tabelle I, 1.

[4]) Vgl. unten III. 1.

Weizen weit enfernt. Der Ertrag pro ha ist im Vergleich zum Frieden immer noch sehr gering, am geringsten bei Weizen und Hafer.

Die Gründe für diesen starken Produktionsausfall liegen vor allem in den Folgen der Agrarreform. Die Grundbesitzverteilung und mit ihr die Betriebsgrößenkategorie haben besonders in den neuen Provinzen, wo der Ertragsrückgang am größten ist, eine einschneidende Umwälzung erfahren. Die Agrarreform ist zurzeit (1929) so gut wie durchgeführt und hat zu einer fast völligen Zerstückelung des Großgrundbesitzes geführt, der in der Produktion des Landes keine nennenswerte Rolle mehr spielt [1]). Die Weizenproduktion hat naturgemäß unter der Auflösung der Großbetriebe am empfindlichsten gelitten und wird, wenn überhaupt, nur nach längerer Zeit ihr friedensmäßiges Niveau erreichen.

Kapitalmangel und Fehler in der Handelspolitik, durch welche die rumänische Getreideproduktion stark gehemmt wurde, lassen sich beheben, und es darf nach ihrer Beseitigung mit erhöhter Produktion und erhöhtem Ertrag in der rumänischen Landwirtschaft gerechnet werden. Mit der Produktionssteigerung kann auch die Getreideausfuhr eine Erhöhung erfahren, allerdings wird diese nur in beschränkterem Maße eintreten, da der zunehmende Inlandsverbrauch, hervorgerufen durch die Bevölkerungsvermehrung und die Verschiebung in den Konsumverhältnissen als Folge der beginnenden Industrialisierung des Landes, auf die Menge und Art der exportierten Getreidesorten einen nachhaltigen Einfluß ausüben. Großrumänien wird nie eine gleichgroße Bedeutung als Weizenlieferant wie Altrumänien vor dem Kriege erlangen. Die Stärke des heutigen Rumänien liegt vornehmlich in der Ausfuhr von Mais und Gerste. Seraphim hatte diesen Umschwung zutreffend formuliert: Rumänien ist aus einem erstklassigen Weizenlieferanten zu einem mittelmäßigen Futtermittelexporteur geworden [2]).

Das prozentuale Verhältnis zwischen *Produktion und Export* ist am größten bei Gerste und Mais, am geringsten bei

---

[1]) Vom Feldbesitz entfallen 1927 nur 12% auf Wirtschaften von über 100 ha. Anuarul Statistic 1927. S. 36.

[2]) Seraphim, a. a. O., S. 291.

Roggen und Weizen [1]. Der Inlandskonsum der beiden letzten Getreidearten ist besonders in den neuen Provinzen bedeutend und hat gegenüber Altrumänien der Vorkriegszeit stark zugenommen. Hingegen ist der Verbrauch von Mais, der eigentlichen Nahrung des altrumänischen Bauern, in Großrumänien zurückgegangen. Diese Entwicklung illustrieren folgende Zahlen [2]: Der Weizenkonsum pro Kopf der Bevölkerung betrug in Altrumänien im Durchschnitt von 1903 bis 1913 79,2 kg und stieg im Durchschnitt der Jahre 1920 bis 1924 auf 91,5 kg; der Verbrauch von Mais ist dagegen von 206 kg auf 173,7 kg pro Kopf und Jahr gefallen. Freund weist darauf hin, daß sich damit in Osteuropa eine agrarische Entwicklung anbahnt, „die ein Menschenalter früher in den USA. den Anstoß zur Industrialisierung großen Stiles gegeben hat und deren Rückwirkung auf die Getreidewirtschaft in einer wachsenden Absorbtion der Ernteerträge durch den Inlandmarkt auf Kosten der Exportfähigkeit bestand“ [3]. —

Die *Viehwirtschaft* ist, soweit es sich um planmäßige und rationelle Zucht von besseren Rassen handelt, fast ausschließlich auf die neuen Gebiete insbesondere auf Siebenbürgen und das Banat beschränkt, die früher eine hochentwickelte Viehzucht aufzuweisen hatten. In den Nachkriegsjahren verhinderte Kapitalmangel die Einfuhr von Zuchttieren, die zur Verbesserung der minderwertigen altrumänischen und zur Blutauffrischung der wertvollen in den angeschlossenen Provinzen eingebürgerten Rassen unbedingt notwendig sind. Als schwerstes Hemmnis für eine gedeihliche Entwicklung der rumänischen Viehzucht und Viehausfuhr müssen die handelspolitischen Maßnahmen sowie der Frachtzuschlag für Exportsendungen angesehen werden, welche die Rentabilität der Viehwirtschaft stark in Frage stellten. Der Viehstand weist dementsprechend von 1922 bis 1927 mit Ausnahme der Pferde, eine anhaltende Stagnation und bei Rindern sogar eine Abnahme von über 1 Million Stück auf. Diese Minderung wirkte sich auch in

---

[1] Vgl. Statistischen Anhang, Tabelle I, 2.

[2] Freund, Strukturwandlungen in der internationalen Weizenwirtschaft, Weltwirtschaftliches Archiv, Januar 1927, S. 16.

[3] Freund, ebda.

einem erheblichen Exportrückgang von lebenden Tieren aus [1]).

Der Förderung und Entwicklung einer intensiven und ertragreichen Viehwirtschaft müßte in Rumänien mit den günstigen natürlichen Vorbedingungen und dem vorherrschenden Kleinbetrieb in der Landwirtschaft unbedingt auch wirtschaftspolitisch Rechnung getragen werden. Dadurch könnte nicht nur der Viehexport sondern auch die Ausfuhr von frischem Fleisch eine ganz bedeutende Steigerung erfahren. Vorläufig leidet der Export von frischem Fleisch unter den Verkehrsverhältnissen und dem Mangel an Kühlwagen, sowie unter dem Fehlen von Veterinärkonventionen mit den Absatzländern [2]). —

Die Produkte der rumänischen *Forstwirtschaft* sind ihrer Qualität und Menge nach berufen, auf dem internationalen Holzmarkt eine Rolle zu spielen. Besonders wertvoll sind die Resonanzhölzer (Lärchen und Fichten) der Bukowina und Maramuresch, die sich zur Herstellung von Musikinstrumenten sehr gut eignen und im Ausland gesucht sind [3]). Die Gesamtproduktion an Holz wird pro Jahr mit annähernd 800 000 Waggon angegeben, davon entfallen ca. 600 000 Waggon auf Brennholz, von denen $^2/_5$ exportiert werden, und 150 000 Waggon auf Bretter (zu $^4/_5$ aus Tannenholz bestehend); es werden von diesen $^3/_4$ Nadelholz und $^1/_4$ andere Holzarten ins Ausland ausgeführt. Die restlichen Mengen entfallen auf Eichen- und Buchenschwellen (deren Export verboten ist), auf Spalt- und Faßholz, sowie auf Nadel- und Buchenholz, das zur Herstellung von Papier oder zur Gewinnung von Holzkohle und Holzessig verwendet wird [4]). Die mögliche Holzausbeute der rumänischen Wälder beläuft sich auf 250 cbm pro ha. Die Ausfuhr von Hölzern und Holzprodukten entspricht nicht im entferntesten der Exportfähigkeit und ist nach einer

---

[1]) Vgl. Statistischen Anhang, Tabelle II.

[2]) Außerdem sind die Ausfuhrschlachthäuser mit monopolartigen Rechten ausgestattet und verlangen für die Aufbereitung des Fleisches und die Beschaffung von Kühlwagen aus dem Ausland unmäßige Preise. (Kronstädter Zeitung v. 11. I. 1926.)

[3]) Bekannt sind die Eichen von Siebenbürgen und dem Banat, die früher unter dem Namen ungarische Eichen ins Ausland gingen.

[4]) Bungețianu, Les forêts de Roumanie et leur exploitation après la guerre (1918—1924), in Correspondance économique, 1926, Heft 2.

großen Steigerung seit 1926 stark zurückgegangen. Die Gründe sind auch hier in handelspolitischen Maßnahmen und den unzureichenden Verkehrsverhältnissen sowie in einer erheblichen Produktionseinschränkung aus Kapitalmangel zu suchen [1]). —

Neben den Wäldern sind Rumäniens *Erdöl*quellen die wichtigsten Rohstofflieferanten. 1924 wurde mit 1 860 471 t die Vorkriegsproduktion von Rohöl wieder erreicht, im Jahre 1925 stieg sie auf 2 316 979 t, 1926 auf 3 243 228 t, 1927 auf 3 661 360 und 1928 auf 4 268 541 t. Rumäniens Anteil an der Weltproduktion stellte sich 1924 auf 1,3%, 1925 auf 1,6%, 1926 und 1927 auf 2,1% [2]). Da 71,4% der Welterzeugung 1927 auf die USA. und rund je 5,5% auf Rußland, Mexiko und Venezuela entfallen, so muß die rumänische Erdölproduktion trotz des geringen Anteils an der Erdölförderung der Welt als ganz beträchtlich angesehen und ihr internationale Bedeutung zugesprochen werden. Diese kommt in den steigenden Exportziffern von Erdölderivaten teilweise zum Ausdruck: 1924 435 504 t, 1925 788 823 t, 1926 1 492 953 t und 1927 1 912 982 t. Trotzdem der Innenkonsum gestiegen ist, hat er gegenüber dem Export prozentual eine Einbuße erlitten. Bezogen auf die Rohölproduktion wurden 1924 52% im Lande verbraucht und 23,4% ausgeführt, 1925 stellten sich die Quoten auf 48,2% und 34%, 1926 auf 39,8% und 46% und 1927 auf 37,3% und 52,3%. In den kommenden Jahren dürfte sich das Verhältnis bei fortschreitender und rationeller Produktion noch weiter zugunsten der Ausfuhr verschieben.

1927 hatte beim Export von Erdölderivaten mengenmäßig raffiniertes und destilliertes Petroleum mit 31,9% den größten Anteil, es folgen Benzin mit 28,4%, Rückstände mit 25,1%, Gasöl mit 11,3% und Mineralöle mit 5,4% [3]). Um die

---

[1]) Es ist vorgekommen, daß Holzfirmen ihre Lieferungen an das Ausland wegen fehlender Transportmittel nicht ausführen konnten. Unter diesen Umständen hat das rumänische Holz auf den ausländischen Absatzmärkten zugunsten schwedischen, tschechischen und jugoslawischen Holzes an Wettbewerbsfähigkeit verloren.

[2]) 1913 auf 3,5%. Statistisches Jahrbuch für das Deutsche Reich 1928. S. 48.

[3]) Die statistischen Angaben sind dem Anuarul Statistic, 1925—1927 entnommen.

Verarbeitung der Gesamtproduktion den Raffinerien des Landes zu sichern, ist der Export von Rohöl verboten.

Die Ausfuhr von Erdölderivaten erfuhr durch die Ausfuhrzölle, die Transportverhältnisse und den Frachtzuschlag eine starke Hemmung. Die vorhandenen Pipe-Lines (Ploeşti-Baicoi nach Constanţa, Bukarest und Giurgiu mit Schleppkahnanschluß nach Ramadan) und die Sammeldepots der Leitungen sind nicht mehr ausreichend. Außerdem soll der Pipe-Line-Tarif im Vergleich zum Bahntarif viel zu hoch sein [1]). Diese Umstände tragen mit dazu bei, daß ein Teil der für den Export bereit gehaltenen Erdölprodukte nicht ausgeführt werden konnte, wie aus dem Verhältnis zwischen den verarbeiteten, im Inland konsumierten und den exportierten Mengen hervorgeht. Besonders den kleineren Firmen, die — im Gegensatz zu den großen fast durchweg ausländischen Konzernen angehörenden Unternehmungen — über keine entsprechenden Exportmittel und Verteilungsstellen, sowie eigene Verkaufsorganisationen im Ausland verfügen, wurde der Absatz ihrer Produkte nach auswärts sehr erschwert.

Die den Export verteuernden Gebühren sind erst im Juni 1927 nach dem empfindlichen Preissturz der Erdölprodukte in der ganzen Welt — hervorgerufen durch eine Überproduktion von Erdöl — aufgehoben worden. Bei der nun zu erwartenden scharfen Konkurrenz wird es sich erweisen, wie weit die rumänische Erdölindustrie rationell zu arbeiten und dem Wettbewerb auf den ausländischen Absatzmärkten zu begegnen in der Lage ist. —

Von der rumänischen *weiterverarbeitenden Industrie* weist der Natur des Landes entsprechend die *Lebensmittelindustrie* den größten Produktionswert auf. Ihr wichtigster Zweig ist die Mühlenindustrie, die ihre Produktionsfähigkeit noch nicht voll ausnützen konnte. Die siebenbürgischen und Banater Mühlen wurden 1918 von ihrem natürlichen Hinterland, der großen ungarischen Tiefebene getrennt und mußten sich auf die neuen Verhältnisse umstellen. Die verminderte Weizenproduktion, die schlechten Verkehrsverhältnisse, Kapitalmangel und die hohen Ausfuhrtaxen für Mehl verhinderten

---

[1]) Industrie und Handels-Zeitung vom 12. 12. 1926.

die mögliche Entfaltung der Mühlenindustrie. Dagegen hat die Zuckerindustrie, zum Teil auf ausländische Kapitalhilfe gestützt, eine starke Kräftigung erfahren. Für die Ausfuhr des Landes hat sie ebenso wie die Konserven- und Speiseölindustrie, die gemäß den natürlichen Vorbedingungen des Landes berufen sind sich zu Exportindustrien zu entwickeln, noch keine Bedeutung erlangt.

Die *Metallurgische Industrie* weist zwar in den letzten Jahren eine Fortentwicklung auf, hatte aber unter Kapitalmangel und dem Ausfall von Staatsaufträgen zu leiden. Der Bedarf an Kommerz- und Maschinenguß wird von inländischen Gießereien gedeckt. In Fluß-, Flach- und Rundeisen, sowie Fassoneisen kann die inländische Produktion mit dem billigeren ausländischen Eisen wenig konkurrieren und in Werkzeug- und Edelstahl ebenso wie in allen komplizierteren und qualitativ hochstehenden Eisenfabrikaten und Maschinen ist Rumänien fast ganz auf das Ausland angewiesen [1]).

Der Ausbau der *Textilindustrie* ist in Großrumänien energisch in Angriff genommen worden. An Rohmaterialien fehlt es dem Lande, und die große Abhängigkeit in Textilerzeugnissen vom Ausland wird durch die bedeutenden Importwerte dokumentiert. [2]) — Die *Lederindustrie* ist im allgemeinen mit Ausnahme feiner Lederwaren in der Lage, das Inland mit genügenden Ledererzeugnissen zu versehen. — Obwohl die *chemische Industrie* einige Produkte ausführt (Alkali, Soda u. a.), ist Rumänien in den komplizierten chemischen und pharmazeutischen Erzeugnissen auf das Ausland angewiesen.

Im allgemeinen kann bei der rumänischen Fertigfabrikatindustrie bis 1927 eine *erhebliche Entwicklung* konstatiert werden. Sie beruht vor allem auf staatlicher Unterstützung (in Erteilung von Staatsaufträgen), auf Grund des Industrieförderungsgesetzes in billiger Überlassung von Grundstücken, Zollbefreiung für notwendige Maschinen, Frachtermäßigungen im Inland usw., außerdem aber auf dem starken Zollschutz, den die rumänische Industrie in den letzten Jahren genießt. Dagegen wurden die Landwirtschaft, Mühlen-, Holz- und andere

---

[1]) Vgl. Industrie- und Handelszeitung vom 25. 2. 1926.

[2]) Vgl. oben S. 27.

autochthone Industrien, in deren Erzeugnissen Rumänien vom Ausland nicht abhängig ist, durch handelspolitische Beschränkungen und die katastrophalen Verkehrszustände an der Entfaltung gehindert. Die staatliche Wirtschaftspolitik und die vollkommen ungenügenden Verkehrsverhältnisse stellen die schwierigsten Probleme des Landes dar und sind der Schlüssel zum Verständnis der gesamten wirtschaftlichen Lage Rumäniens.

III. Die Handelspolitik.

Indem die *Außenhandelspolitik*[1]) den Verkehr an wirtschaftlichen Gütern zwischen dem In- und Ausland regelt, wirkt sie gleichzeitig auf die gesamten Produktions- und Konsumtionsverhältnisse der betreffenden Volkswirtschaft, auf ihre wirtschaftliche Entwicklung und ihre wirtschaftliche Struktur mitbestimmend ein. Bilden auch die Menge der Produktionsfaktoren und die verschiedene Proportionalität ihres Auftretens die besonderen Produktionsgrundlagen einer bestimmten Volkswirtschaft, so können diese doch durch Maßnahmen der Handelspolitik wesentliche Verschiebungen erfahren und damit die Konkurrenzverhältnisse zwischen einheimischer und ausländischer Produktion verändern. Mit Mitteln der Handelspolitik, vornehmlich den Grenzzöllen, ist es unter Umständen möglich, Waren, die im Ausland mit geringerem Aufwand hergestellt werden, auch im Inland bzw. weiter im Inland unter ungünstigeren Bedingungen zu produzieren und abzusetzen. Um die Frage, ob dies unter allen Umständen und auf die Dauer von Vorteil sei oder nicht, geht bekanntlich der ganze Streit der *handelspolitischen Systeme.*

Eine endgültige Entscheidung der Frage, ob Freihandel oder Schutzzoll kann in der Wissenschaft nicht gefällt werden. In der *Praxis* selber spielen wissenschaftlich-ökonomische Erwägungen eigentlich so gut wie keine Rolle, vielmehr sind für die tatsächliche Gestaltung der Handelspolitik politische, fiskalische und privatwirtschaftliche Interessen maßgebend, die je nach den Machtgruppierungen, die in der Hauptsache von einer straffen Organisation der Interessenten abhängen, den Sieg davon tragen. In den Jahren nach dem Kriege haben die schutzzöllnerischen Strömungen mehr denn je an Boden

---

[1]) Die innere Handelspolitik betrifft den Handel als Erwerbszweig und wird in diesem Zusammenhang nicht besonders behandelt.

gewonnen und zu einer starken Verschärfung des Protektionismus in allen Staaten und besonders in Rumänien geführt.

1. Die deutsche und rumänische Handelspolitik.

In Deutschland und Rumänien fand in der Nachkriegszeit als Folge der Produktions-, Verteilungs- und Währungszerrüttung der beiden Volkswirtschaften, sowie der Desorganisation des Wirtschaftslebens in Europa überhaupt, eine auf primitiven und rohen Mitteln des Merkantilismus beruhende *Regelung der Außenhandelsbeziehungen*, statt.

Mit den Einfuhrbeschränkungen durch absolute und relative Einfuhrverbote, vor allem auf Luxuswaren und entbehrlichere Artikel, wollte man in beiden Ländern die Passivität der Handelsbilanz mindern und damit einem weiteren Sinken der Währung vorbeugen. Der Grundgedanke der Einfuhrverbote, sowie teilweise auch der Zollerhöhungen [1]) war also „mittelbare Währungspolitik“ [2]). Auch von der Ausfuhrseite her versuchte man mit Verboten die Währung zu schützen, soweit nicht wie bei den Ausfuhrverboten für landwirtschaftliche Erzeugnisse die Sicherstellung der Ernährung des Volkes bezweckt wurde [3]). Am 1. Oktober 1925 sind mit wenigen volkswirtschaftlich belanglosen Ausnahmen die Ein- und Ausfuhrverbote außer Kraft getreten. So ging man in Deutschland nach allgemeinen Ein- und Ausfuhrverboten, sowie später den Verbotslisten erst Ende 1925 zum freieren Außenhandel über.

In Rumänien ist diese Entwicklung noch nicht zum Ab-

---

[1]) In Deutschland standen Ende 1924 von den 946 Positionen des Zolltarifs noch 457 ganz oder teilweise unter Einfuhrverbot.

[2]) Beckmann, F., B. Harms: Handelspolitik, Schmollers Jahrbuch, 1925, Jahrg. 49 Halbbd. 2, S. 1349.

[3]) Die in Deutschland am 20. 12. 1919 geschaffene Ausfuhrkontrolle hatte neben der Verhinderung des Ausverkaufs den Zweck, dem Inland für den ausfuhrfähigen Überschuß an Waren und die nationale Arbeitsleistung den größtmöglichen Nutzen zu sichern, der zum Ausgleich der Handelsbilanz und zur Stützung der Währung verwendet werden sollte. (Siegert u. Bertsch, Handels- u. zollpolitische Fragen der Gegenwart. Berlin 1926, S. 8). Mit der Stabilisierung der Mark wurde die Außenhandelskontrolle gegenstandslos und Ende 1923, ohne ihren Zweck erfüllt zu haben, allmählich abgebaut.

schluß gekommen, wenn auch die Ein- und Ausfuhrverbote mit dem Inkrafttreten des Zolltarifs vom 14. April 1927 aufgehoben wurden. Wie in Deutschland bis zum 30. Juli 1924, so wurde in Rumänien die ganze Regelung des Ein- und Ausfuhrwesens auf Grund von Ermächtigungsgesetzen auf dem Verordnungswege ohne Beeinflussung und Kontrolle durch das Parlament vorgenommen.

Durch Dekretgesetze [1]) wurde die Einfuhr von Luxuswaren und den meisten Genußmitteln überhaupt verboten [2]). Den Import relativ entbehrlicher Artikel machte man von der Erlangung einer speziellen Einfuhrgenehmigung, dem sog. permis abhängig. Um die Industriellen zu nötigen ihre Unternehmungen nur mit technisch modernen und auf der Höhe stehenden Einrichtungen auszubauen, ist auch die Einfuhr gebrauchter Maschinen, Maschinenteile und kompletter industrieller Anlagen ohne vorherige Erlaubnis des Industrie- und Handelsministers verboten worden [3]).

Das *Verbots- und Lizenzsystem* war auch auf der Ausfuhrseite in Geltung. Das allgemeine Ausfuhrverbot der Kriegszeit wurde erst im November 1920 und November 1921 auf gewisse Rohstoffe, Nahrungs- und Genußmittel, Halbfabrikate und Verpackungsmittel beschränkt. Der Export einer Anzahl von Waren wie z. B. Getreide, Mehl u. a. wurde nur gestattet, wenn der Exporteur eine gleichgroße Menge zu den Maximalpreisen dem Inland zur Verfügung stellte. Eine dritte Kategorie von Waren endlich bedurfte zur Ausfuhr der permise, deren Ausgabe bei der Einfuhr wie Ausfuhr nicht immer einwandfrei gehandhabt wurde. Durch außerordentlich häufige Änderungen in der Einordnung der Waren unter die verschiedenen Kategorien bekam dieses ganze Ein- und Ausfuhrsystem eine ungewöhnlich große Kompliziertheit und Unsicherheit, dem das wichtigste Moment des heutigen Wirtschaftslebens nämlich das der Berechenbarkeit vollständig fehlte [4]).

---

[1]) Dekretgesetze vom 30. 3. und 11. 3. 1919, vervollständigt im November 1920 und vorläufig abgeschlossen am 11. Oktober 1921.

[2]) Von 854 Positionen des Zolltarifs waren anfangs 129 Artikel verboten, die bis 1926 allmählich auf 46 ermäßigt wurden.

[3]) Industrie- und Handels-Zeitung vom 11. 9. 1925.

[4]) Es gingen dadurch nicht nur eine Anzahl von Existenzen unter

Erst im Oktober 1923 wurde das Ausfuhrregime einer grundsätzlichen *Neuordnung* unterzogen, die berüchtigte Permiswirtschaft fiel weg und alle Produkte außer solchen, deren Ausfuhr verboten war, konnten gegen entsprechende meist sehr hohe *Ausfuhrtaxen* exportiert werden. Die Ausfuhrgebühren sollten den aus der aktiven Valutaspanne sich ergebenden Unterschied zwischen Inlands- und Auslandspreisen zugunsten der Allgemeinheit ausgleichen, dem Staat in einer Zeit, wo die Budgetdefizite durch Notenausgaben gedeckt werden mußten, als billige Einnahmequelle dienen und aus währungstechnischen sowie sozialen Gründen die Inlandspreise niedrig halten.

Den Exporttaxen wurde im Vergleich zu den Ausfuhrverboten eine verhältnismäßig große Elastizität und gewisse Anpassungsfähigkeit an die Veränderungen der Konjunktur für den Fall beigemessen, daß sie stets entsprechend revidiert und gehandhabt würden und ihre Anwendung keinen fiskalischen Charakter trüge [1]). Diese letzteren Umstände trafen nun tatsächlich nicht zu. Aber abgesehen davon, ließ sich auch rein technisch eine rechtzeitige Anpassung an die Feinheiten der Konjunkturbewegung des Inlands- und Auslandsmarktes mit einem derartig schwerfälligen Mechanismus, wie ihn das staatliche Exportregime mit sich brachte, nicht verwirklichen, man hinkte notwendigerweise mit den Verfügungen immer hinter den veränderten Sachlagen her [2]).

Die Dauer und Handhabung dieses Regimes war für die rumänische Volkswirtschaft und den Export des Landes um so mehr schädlich, da seit 1923 mit dem Einstellen der ungedeckten Notenemission eine verhältnismäßige Stabilisierung der rumänischen Währung erreicht wurde, und sich die Inlandspreise dem Kursstand des Leu allmählich angepaßt hatten. Dieser Tatsache ist nicht durch entsprechende Herabsetzung und Beseitigung der Ausfuhrgebühren Rechnung getragen worden.

---

den Exporteuren zugrunde, sondern die rumänischen Erzeugnisse verloren teilweise auch ihre Absatzmärkte im Ausland.

[1]) Chicoş, Politica exportului şi producţiunea naţională, a. a. O., S. 20 ff.

[2]) Besonders drückend wurden die Taxen empfunden, als sie in engl. Pfd. beziehungsweise später auch in franz. Frs. oder Dollar entrichtet werden mußten.

Die Ausfuhrtaxen haben in der Zwischenzeit jede ökonomische Berechtigung verloren und rein fiskalischen Charakter angenommen. Der Zinsendienst der ausländischen Anleihen soll durch sie sichergestellt werden. Die Einnahmen des Staates aus Abgaben des Exports, die ebenso groß und zahlreich wie die des Imports waren [1]), stellten sich seit 1922/23 bedeutend höher als die Erträge der Einfuhrzölle. Erst 1926 sinken die Erträge der Ausfuhr unter die der Einfuhr. In der Folgezeit suchte die Regierung durch erhöhte Einfuhrzölle den Ausfall in den Exportzolleinnahmen wett zu machen.

Die Zollerhöhungen und Zollherabsetzungen sowie Zollbefreiungen wurden in Deutschland und Rumänien aus denselben Motiven wie die übrigen handelspolitischen Maßnahmen vorgenommen. Bei den Zollerhöhungen handelte es sich vor allem um finanzielle und später um schutzzöllnerische Gesichtspunkte. Mit der ersten Verdoppelung von fast $^4/_5$ der Zolltarifsätze des Bülow-Tarifs von 1902 begann in *Deutschland* die Aera der schematischen *Zollerhöhungen*, die bei manchen Industrieartikeln zu einer Erhöhung des Zollschutzes von 300—500% führten [2]), deren prohibitive Wirkung erst nach der Markstabilisierung in Erscheinung trat. Die Zollbefreiungen und Zollherabsetzungen betrafen vornehmlich landwirtschaftliche Produkte und Genußmittel. Eine systematische Zollpolitik war in der Zeit der Währungszerrüttung und wegen der Deutschland durch den Versailler Vertrag auferlegten handelspolitischen Einschränkungen (§§ 264—267, 269 des Versailler Vertrages) bis zum 10. Januar 1925 nicht möglich.

Leider hat es die deutsche Regierung versäumt, eine klare Zielsetzung für die Neuregelung der Handelspolitik nach Wegfall der Zwangsvorschriften des Versailler Vertrages sorgfältig herauszuarbeiten, und man kann nicht behaupten, daß

---

[1]) Seraphim, a. a. O., schreibt S. 307: „Nach einem Überblick der Ausfuhr- und Kommissionsgebühren vom Oktober 1924 wurden rund 500 Warenpositionen beim Übergang über die Grenze ins Ausland verschiedenartig verzollt, und zwar finden wir sowohl Ausfuhrwertzölle wie Ausfuhrgewichtszölle". — Alle anderen Waren, von denen keine besondere Gebühr erhoben wurde, unterlagen bis Ende Febr. 1927 einem 20%igen Wertzoll, zu dem noch eine 2%ige Kommissionsgebühr kam.

[2]) Harms, Gegenwartsaufgaben der deutschen Handelspolitik. Jena 1925, S. 75.

durch die am 17. August 1925 gesetzlich festgelegten Zolländerungen der sog. kleinen Zolltarifnovelle den veränderten wirtschaftlichen Verhältnissen und der neuen wirtschaftlichen Struktur des Nachkriegsdeutschland Rechnung getragen worden ist.

Die Lückenlosigkeit des Zolltarifs wurde mit dem am 1. September 1925 in Kraft getretenen *Zöllen auf landwirtschaftliche Erzeugnisse* wieder hergestellt [1]).

Nach den Erfahrungen der Kriegszeit, dem Verlust der beiden wichtigsten Getreideprovinzen und bei der fortschreitenden Industrialisierung erscheint eine Selbstversorgung Deutschlands mit Getreide und Futtermitteln mehr denn je als Utopie. Manche Kreise erhofften von der Wiedereinführung der Agrar- insbesondere der Getreidezölle eine Besserung der Lage der deutschen Landwirtschaft. Da aber Zölle in diesem Fall kein Heilmittel darstellen, mußte die erwartete Wirkung ausbleiben. Für die deutsche Landwirtschaft und die gesamte Volkswirtschaft des Reiches sind die Getreidezölle letzten Endes von ungünstigen Folgen. Wird nämlich der Getreidezoll vom Ausland getragen und kommt in den Inlandspreisen nicht zum Ausdruck, so nützt er dem deutschen Landwirt nichts. Stellt sich aber der Getreidepreis in Deutschland gleich Weltmarktpreis plus Zoll, so wird durch die erhöhten Brotpreise die Lebenshaltung der Bevölkerung verteuert, Löhne und Gehälter passen sich dem neuen Preisniveau an, das bedeutet gesteigerte Produktionskosten der Industrie, Verteuerung der landwirtschaftlichen Produktionsmittel, wodurch die Landwirtschaft durch die Zölle selbst getroffen wird. Viel folgenschwerer ist, daß die Wettbewerbsfähigkeit der deutschen Industrie am Weltmarkt eine Einschränkung erfährt und die deutsche Fertigfabrikateausfuhr — auf deren Wichtigkeit für das Bestehen und die Weiterentwicklung der deutschen Wirtschaft immer wieder hingewiesen werden muß — gefährdet werden kann.

Äußerst bedenklich ist die Wiedereinführung der *Futtermittel- und Futtergetreidezölle.* Die ausländischen Futtermittel

---

[1]) Zunächst lagen die Zollsätze erheblich unter denen des Bülow-Tarifs, erfuhren jedoch am 31. 7. 1926 eine Erhöhung.

bilden mit eine der wichtigsten Grundlagen der deutschen Viehzucht. Es liegt im Interesse der deutschen Volkswirtschaft diese bäuerliche Veredelungswirtschaft durch Zollfreiheit der unentbehrlichen Rohstoffe zu fördern und damit ihre Konkurrenzfähigkeit zu steigern. Mit den Zöllen auf Vieh und Fleisch, von denen besonders letzteren als Erziehungszöllen im allgemeinen eine temporäre Berechtigung zugesprochen wird [1]), ist es allein nicht getan.

Der Mehlzoll gehört schon mehr zu den Zöllen auf Fertigfabrikate und soll deren Einfuhr zugunsten des Kornimportes im Interesse der Mühlenindustrie möglichst verhindern.

Über die Wirkung der Agrarzölle auf die deutsche Einfuhr und den deutsch-rumänischen Handelsverkehr läßt sich nichts Bestimmtes sagen. Jedenfalls wird das Ausland durch die Zölle nicht ferngehalten, lediglich in der Fleisch- und Mehleinfuhr könnte mit der Zeit eine Einschränkung eintreten, wodurch auch die rumänische Ausfuhr dieser Produkte nach Deutschland betroffen würde.

Nach den Zöllen auf landwirtschaftliche Produkte, von denen im Vorhergehenden nicht alle angeführt wurden, traten am 1. Oktober 1925 die gegenüber den autonomen Friedenssätzen fast durchweg sehr stark erhöhten *Industriezölle* in Kraft. Man hat sowohl an der Lückenlosigkeit des Tarifs als auch an den in der Zeit des Währungschaos auf dem Verwaltungswege geschaffenen Zollerhöhungen festgehalten und so einen Zustand für die Dauer legalisiert, der nur unter anormalen Verhältnissen für eine kurze Zeit berechnet war. Die *Zölle auf Rohstoffe und Halbfabrikate* sind beibehalten worden, obwohl gerade bei den ersteren sich die ökonomische Lage im Vergleich zur Vorkriegszeit teilweise fundamental geändert hat, was besonders vom wichtigsten Rohmaterial, dem Eisen gilt. Die der Veredelung dienenden Stoffe müßten der weiterverarbeitenden Industrie zu den allerniedrigsten Preisen zur Verfügung gestellt werden. Bei den übrigen Zöllen handelt es

---

[1]) Eckert, Außenhandel und Auslandskredite, in Schmollers Jahrbuch, 1925 Jahrg. 49 Halbbd. 2, S. 876.

Harms, Gegenwartsaufgaben usw., a. a. O., S. 38.

Dietze, Die deutsche Landwirtschaft und die neue Handelspolitik, Schriften des Vereins für Sozialpolitik, 1925, Bd. 171 I, S. 222.

sich mit Ausnahme der verhältnismäßig jungen Kunstseidenindustrie [1]) durchweg nicht um Erziehungs-, sondern um Erhaltungs- und teilweise direkte Schutzzölle, die den betreffenden Industrien eine monopolartige Stellung auf dem Inlandsmarkt sichern [2]).

Man versuchte die hohen Zölle durch die im Vergleich zur ausländischen Industrie ungewöhnlich große frachtliche und steuerliche Belastung (mit verursacht durch die Aufbringung der Daweslasten) der deutschen Produktion zu rechtfertigen. Dem ist entgegenzuhalten, daß mit handelspolitischen Maßnahmen volkswirtschaftliche Fehler in der Gestaltung der Verkehrswirtschaft und Steuergesetzgebung nicht aufgehoben werden können und Steuerüberwälzungen auf den Inlands- oder Auslandsabsatz mit Hilfe des Zollschutzes in der gegenwärtigen volkswirtschaftlichen Lage Deutschlands unmöglich sind [3]).

Für Verhandlungszwecke sind im Gegensatz zu Agrarzöllen hohe Industriezölle, mit deren Hilfe man sich auf dem Kompensationswege gegenseitige Zollnachlässe erzwingen und sichern will [4]), geeignet, und handelspolitisch vorteilhaft. Nur müssen alle *Kompensationszölle* [5]) auf Grund der Verhandlungen auch tatsächlich entsprechend herabgesetzt werden, da andernfalls die auf ihrer Höhe belassenen Zölle ohne irgendwelche volkswirtschaftliche Notwendigkeit und eventuell zum Schaden der eigenen Volkswirtschaft als Schutzzölle wirken. So haben die deutschen Verhandlungszölle in der Tat zum großen Teil versagt und sind nur unzulänglich heruntergesetzt worden. Es ist darum im Interesse der deutschen Volkswirt-

---

[1]) Vgl. Beckerath, Die handelspolitische Lage der deutschen Textilindustrie, in Schriften des Vereins für Sozialpolitik, 1925, Bd. 171 I, S. 312.

[2]) Auf die Konsequenzen, die hohe Preise der Produktionsmittel für die deutsche Landwirtschaft haben, sei hier nur hingewiesen, ohne darauf einzugehen.

[3]) Beckerath, a. a. O., Kp. 1 u. 2.

[4]) Wobei Fertigfabrikatzölle gegen Fertigfabrikatzölle und nicht gegen Halbfabrikatzölle ausgetauscht werden sollen. Wiedenfeld, Die Aufgaben der deutschen Handelspolitik. Dresden. 1925.

[5]) Grundsätzlich soll es sich dabei um Zölle auf Spezialerzeugnisse des Auslandes handeln, auf die das Inland nicht zu stark angewiesen ist und an deren Absatz dem Vertragsgegner viel gelegen sein muß.

schaft zu begrüßen, daß auf Grund des vom Reichsrat im November 1928 angenommenen „Gesetzentwurf zur Ausführung der Empfehlungen der Weltwirtschaftskonferenz", die im Juni 1927 von Reichswirtschaftsminister Curtius in seiner Hamburger Rede angekündigte Herabsetzung autonomer Zölle noch im Laufe des Jahres 1929 erfolgen dürfte. Insgesamt werden 141 Nummern des Zolltarifs zum Teil sehr erhebliche Ermäßigungen erfahren [1]).

Durch die Verteuerung der industriellen Produktion auf Grund der hohen deutschen Zollsätze kann die *Wettbewerbsfähigkeit der deutschen Fabrikate* auf dem rumänischen Markt gemindert werden. Lieferungen an das Ausland zu niedrigeren Preisen als im Inland stoßen bald auf heftigen Widerstand und sind auf die Dauer nicht durchzuführen [2]). Das hohe deutsche Zollniveau für Industrieprodukte trifft die rumänische Ausfuhr nach Deutschland im allgemeinen nicht, da diese fast durchweg aus mehr oder weniger unentbehrlichen Rohstoffen und Nahrungs- bzw. Futtermitteln besteht. Insoweit hat Rumänien als überwiegender Agrarstaat Deutschland gegenüber, dessen Export von Fertigfabrikaten auf Erhöhung der Selbstkosten und zollpolitische Gegenmaßnahmen des Auslandes sehr empfindlich reagiert, eine relativ stärkere zollpolitische Position. —

Rumänien behielt nach dem Kriege vorläufig die Sätze seines alten Tarifs von 1906 bei. Dieser Tarif war seinerzeit zur Erhaltung der rumänischen Industrie mit entsprechend hohen Zöllen versehen worden [3]). Nach dem Kriege belegte man Luxusgegenstände mit besonderen Luxustaxen — die meist das Doppelte der Zollgebühren betrugen — oder mit anderen in Goldlei festgesetzten Gebühren. Vom 1. Mai 1920 an wurden außerdem alle Zölle verfünffacht und der Zolltarif am 1. Juli 1921 revidiert, indem man die bisherigen

---

[1]) Vgl. Industrie- und Handels-Zeitung vom 25. 11. 1928.

[2]) In Rumänien wird an der Schaffung eines Antidumpinggesetzes gearbeitet, auf Grund dessen alle Versuche, zu unverhältnismäßig tiefen Preisen ins Inland hereinzukonkurrieren, verhindert werden sollen.

[3]) Vgl. Antonescu, Die rumänische Handelspolitik von 1870—1910. Leipzig. Diss. 1915. S. 151.

Sätze teilweise beibehielt, teilweise erhöhte und am 20. Dezember 1922 weiteren Modifikationen unterzog.

Durch den Währungsverfall entsprach die Höhe der Zollsätze des Tarifs von 1921 der Geldentwertung nicht mehr, außerdem war in ihnen auf die Wirtschaftsstruktur Großrumäniens, die durch die Einverleibung der industriell entwicklungsfähigen neuen Provinzen gegen Altrumänien eine gewisse Veränderung erfahren hatte, keine Rücksicht genommen worden. Den veränderten Verhältnissen sollte der *Goldzolltarif* [1]) *vom 1. August 1924* Rechnung tragen, der ausgesprochen protektionistische Tendenz erkennen ließ [2]).

Im allgemeinen sind mit Ausnahme von einigen Rohmaterialien und rumänischen Ausfuhrwaren die Zölle der meisten Artikel so hoch bemessen worden, daß die *heimische Produktion* in diesen *geschützt* wurde. Dabei ist vorläufig nur ein geringer Teil der Industrie in der Lage, den Bedarf des Landes selber zu decken und Rumänien ist nach wie vor sehr stark auf das Ausland angewiesen. Wenn auch nur geringe

---

[1]) Die Zollsätze wurden in Gold festgelegt. Der Umrechnungskoeffizient betrug für 1 Goldleu = 30 Papierlei und wurde am 1. März 1925 auf 40 Papierlei erhöht. Der Tarif fand als Minimaltarif auf alle Waren Anwendung, deren Erzeugungsländer den rumänischen Waren die Meistbegünstigung zuteil werden ließen. Für die Einfuhrwaren der anderen Länder sollte das Dreifache des Minimaltarifs erhoben werden.

[2]) Nach dem Motivenbericht des Finanzministeriums sollten nicht alle Industrien gleich geschützt werden. Es wurden je nach dem Schutzbedürfnis 3 Kategorien unterschieden:

1. Industrien, die in der Lage sind den ganzen Bedarf des Landes zu decken und dank der verfügbaren Rohstoffbasis jede ausländische Konkurrenz ausschalten und keinen Schutz benötigen: Landwirtschaft, Forstwirtschaft und Petroleumindustrie.

2. Industrien, deren Produktion auf der Verarbeitung inländischer Rohstoffe basiert und die den inländischen Bedarf ganz oder teilweise befriedigen, jedoch als verhältnismäßig junge Industrien in ihrer Entwicklung vor der besser ausgerüsteten ausländischen Konkurrenz geschützt werden müssen: Textil-, Schuh-, Glas-, Zement-, Papierindustrie, Gerbereien usw.

3. Industrien, die mangels natürlicher Produktionsgrundlagen den inländischen Konsum nie ganz befriedigen werden, deren Vorhandensein aber im Interesse der nationalen und wirtschaftlichen Selbstständigkeit des Staates geboten erscheint. Hierher gehören vor allem die metallurgische Industrie, die mechanischen Werkstätten und das Baugewerbe.

Anfänge eines Industriezweiges im Lande vorhanden sind, dessen Erzeugnisse für die rumänische Volkswirtschaft von Wichtigkeit sind, und dessen inländische Produktion die Abhängigkeit vom Ausland zu verringern oder eventuell einmal aufzuheben verspricht, so ist man bemüht, ihm weitgehende Protektion zuteil werden zu lassen. So sind die Zollsätze von Dynamomaschinen geringen Gewichts von 100 bis 200 Lei auf 300 bis 1 000 Lei pro 100 kg erhöht worden, weil „ein Anfang in der Fabrikation" dieser Maschinen in Rumänien vorhanden ist, „der unterstützt werden soll [1])". Ähnlich verhält es sich mit den Zöllen auf leichtere Maschinen aller Art, ferner von Werkzeug- und landwirtschaftlichen Maschinen sowie Eisenbahnwaggons. Die junge chemische Industrie glaubte man auch nicht ohne Protektion lassen zu dürfen, obwohl sie noch wenig leistungsfähig ist. Einen sehr großen Schutz haben Walzeisen- und Gußeisenprodukte erhalten. Von den Textilien sind besonders geschützt worden Wollgarne, Wollwebwaren, seidene Web- und Konfektionsware, Pflanzengewebe (außer Baumwollgarn), außerdem Hüte und Hutformen. Um die Papierindustrie zu fördern, sind die Zölle für deren Erzeugnisse teilweise um 200 bis 300% erhöht worden. Gegerbte Häute, Riemenartikel, Schuhwerk und Gegenstände aus feinem Leder haben eine beträchtliche Zollerhöhung erfahren.

Bei diesen Zöllen ließ man es jedoch nicht bewenden und erhöhte am 1. April 1926 die Zölle für Textilien, Eisen- und Metallwaren [2]), Maschinen, Fahrzeuge und Spielwaren bis zu 300% gegenüber dem Tarif von 1924.

Nach einigen Zolländerungen am 5. Juni und 4. September 1926 ist am *14. April 1927 ein neuer Zolltarif* mit gänzlich revidierter Zollnomenklatur in Kraft getreten [3]). Ein

---

[1]) Rommenhöller, Großrumänien, a. a. O. S. 663.

[2]) „Die Zollerhöhungen in Eisen, Eisenwaren, sowie Metall und Metallwaren richten sich in erster Linie gegen die tschechoslowakische Eisenindustrie. Es soll den Reșița-Werken ermöglicht werden, das tschechoslowakische Eisenkartell vom rumänischen Markt zu verdrängen. Ferner soll die Drahtstiftfabrik in Aranyoshegyes in ihrer Produktion so gestärkt werden, daß sie nach 3 Jahren den Bedarf der rumänischen Armee allein decken kann." Industrie- und Handels-Zeitung vom 13. 2. 1926.

[3]) Die Anzahl der Positionen ist durch zahlreiche Differenzierungen

ins Einzelne gehender Vergleich zwischen den wichtigsten Positionen der Zolltarife von 1924 und 1927 stößt wegen der weitgehenden Veränderung der Zollnomenklatur und der Umgestaltung der Zölle sowie der Grundlage ihrer Festsetzung [1]) auf außerordentliche Schwierigkeiten und schränkt den Wert solcher Vergleiche sehr stark ein. Im allgemeinen wies der Tarif verschärfte, in Rumänien bis dahin in solcher Höhe nicht bekannte *Hochschutzzölle* auf und zwar nicht nur auf die beim Tarif von 1924 besprochenen Waren wie Textilien, Lederwaren, Chemikalien und metallurgische Erzeugnisse, sondern auch auf Waren, die im Lande gar nicht hergestellt werden, wie einzelne technische Maschinen und Kraftwagen-Gummireifen.

Abgesehen von der starken Ausweitung des früheren Tarifschemas wurde die protektionistische Wirkung des neuen Tarifs, dessen Zölle ebenfalls in Goldlei erstellt waren, weiter durch die Handhabung des Umrechnungskoeffizienten erhöht, der jeweils für 3 Monate festgesetzt wurde. Trotzdem der Leu

---

und Unterabteilungen von 854 auf 1893 erweitert worden. Lag schon beim alten Tarif die Möglichkeit der unrichtigen Klassifizierung und Verzollung von bestimmten Waren durch das wenig geschulte Zollpersonal vor (Antonescu, a. a. O., S. 152), so bot in dieser Hinsicht der Tarif von 1927, der durch die ungewöhnlich große Anzahl von Positionen auch an Übersichtlichkeit verlor, zolltechnisch manche Schwierigkeiten.

[1]) Die Struktur und Höhe des Zolltarifs wurde im Motivenbericht folgendermaßen gekennzeichnet:

Rohstoffe, die für die industrielle Erzeugung benötigt werden, sind je nach Maßgabe der Nützlichkeit für den Inlandsverbrauch mit Zollsätzen von 1—10 v. H. des Wertes belastet. (Die für die Zollbelastung maßgebenden Durchschnittswerte der einzelnen Zolltarifsartikel wurden in der Zollkommission festgesetzt).

Alle Halbfabrikate, die zur vollständigen Verarbeitung ins Land eingeführt werden, zahlen 10—20 v. H. des Wertes. In diese Kategorie werden zur Erleichterung der inländischen Produktion und zur Modernisierung der Produktionsanlagen und Einrichtungen auch alle Produktionswerkzeuge, landwirtschaftliche, industrielle und solche, die vom Kleingewerbe benötigt werden, eingereiht.

Fertigfabrikate und Kolonialwaren, die unmittelbar dem Verbrauch dienen, weisen Zollsätze von 20—30% auf.

Mit Zöllen über 30 v. H. des Wertes werden ausnahmsweise nur Waren belegt, deren Einfuhr nach dem bisherigen System entweder völlig verboten oder durch zusätzliche Prohibitionstaxen schwer belastet waren, sowie in geringerer Zahl Erzeugnisse der Landesverteidigung.

seit dem Herbst des Jahres 1926 seinen Stand von etwas mehr als 3 Schweizer Centimes fast durchweg behauptet hat — was einem Goldleukurs von 31—33 Papierlei entspricht —, so ist der Koeffizient von 40 Papierlei für einen Goldleu beim Tarif von 1927 beibehalten worden. Auf diese Weise wurden die Zölle um 20 bis 25% erhöht [1]).

Zur *Verschärfung des Protektionismus* trug auch der Umstand bei, daß die Produktionskosten, insbesondere die Arbeitslöhne dank der Währungsverhältnisse zum Teil unter dem der Goldparität entsprechendem Niveau lagen.

Die Heranzüchtung einer Industrie, die weder die Rohstoffe noch die Arbeitskräfte, noch die technische Ausstattung im entsprechenden Ausmaß im Lande findet, ist volkswirtschaftlich nicht gesund, es kommt dabei praktisch auf eine Benachteiligung und Schädigung der Konsumenten durch zu hohe Preise und vielfach mindere Qualität der Erzeugnisse heraus. Anders verhält es sich mit Industrien, die der technisch-wirtschaftlichen Erschließung der heimischen Naturgrundlagen dienen, soweit die Möglichkeit besteht, die erforderlichen Kapitalien und Arbeitskräfte entweder im Lande selber aufzubringen oder zu angemessenen Bedingungen aus dem Ausland zu beziehen. Da mag ein gewisser Schutz zur Erziehung der jungen Industrie angebracht sein. „Die Produktivkräfte der Nation sind dann am besten ausgenutzt, wenn Kapital und Arbeit auf solche Produktionen verwandt werden, in denen sie vermöge der natürlichen und erworbenen Grundlagen der Wirtschaft bei geringstem Aufwand an Kostengütern den größten technischen Produktionseffekt erzielen, in denen sie zugleich voll ausgenutzt werden können und deren Produktion zugleich zu möglichst hohem Preis verwertbar ist" [2]). —

Mit dem Tarif von 1927 bekannte sich Rumänien nach

[1]) Handel und Konsumtion werden durch den Umstand außerordentlich belastet, daß bei der Einfuhr für die der Luxussteuer unterworfenen Waren gleichzeitig mit den Zöllen die Luxussteuer von 15%, 10% und 2% vom Durchschnittswert zu zahlen ist, der jeweils für drei Monate an Hand der Zollnomenklatur von einer Sachverständigenkommission festgesetzt wird. So wirkt die Luxussteuer bei feineren Waren direkt prohibitiv.

[2]) Beckerath, Schutzzoll oder Freihandel, in Schmollers Jahrbuch, 1925, Jahrg. 49 Halbbd. 1, S. 227 ff.

französischem Muster zum *Doppeltarif-* und Reziprozitätssystem. Der Minimaltarif sollte in eingeschränktem Umfang Ländern gewährt werden, mit denen Handelsverträge abgeschlossen worden sind. Der um 50% höhere Generaltarif sollte für alle Warengattungen von Ländern, mit denen keine Handelsverträge bestanden und für alle Erzeugnisse, denen durch bestehende Handelsverträge mit den betreffenden Ländern kein Meistbegünstigungsrecht zukam, in Anwendung gebracht werden [1]). Der Zolltarif von 1927 umfaßte außerdem eine *Sonderordnung* für eine beschränkte Zahl von Waren (100), für welche die Regierung sich das Recht der Abänderung im Falle eines Dumping des Auslandes vorbehielt. Die Artikel des Sondertarifs [2]) hatten ebenfalls einen Minimal- und Maximaltarif, der aber unter keinen Umständen durch Handelsverträge eine starre Festsetzung erfahren durfte.

Mit der Einführung des *Reziprozitätssystems* wandte sich Rumänien von der Meistbegünstigung ab, welche die Möglichkeit bietet, durch die Rückwirkung späterer Meistbegünstigungsverträge der wirtschaftlichen Weiterentwicklung des Landes Rechnung zu tragen. Wegen der bei der Zollbehandlung notwendigen Prüfung jeder Sendung auf ihr Ursprungsland hin ergibt sich eine ungeheure Belastung der Zollbehörde. Diese wird weiter durch den Umstand erhöht, daß bei der Reziprozität durch die Vielheit der zollpolitischen Normen — da grundsätzlich soviel vertragliche Zolltarife wie Handelsverträge geschaffen werden — der Warenverkehr unübersichtlich gemacht und erschwert wird [3]).

---

[1]) Minimal- und Generalkolonne bildeten die untere und obere Grenze des Tarifs, zwischen denen sich die einzelnen vertraglich festgesetzten Zollsätze befinden sollten.

[2]) Die Artikel des Sondertarifs waren: Boxkalbleder, Schuhe aller Art, Wollgewebe, Zucker, Pappe u. Papier aller Art, Glasplatten, Fensterscheiben, Flaschen, Walz- u. Bandeisen, Profileisen, Eisenbahn- u. Straßenbahnschienen, Eisen und Bleche gewalzt, verzinkt usw., Eisen- oder Stahldraht, Baukonstruktionsgegenstände aus Eisen, Radreifen für Eisenbahnräder, Achsen und ganze Räder für Eisenbahnwaggons und Lokomotiven, Bolzen, Schrauben usw., Dampflokomotiven u. a. m. Im Zolltarif von 1929 ist diese Sonderordnung weggefallen.

[3]) Die Verzögerungen in der Zollabfertigung der Waren sind schon immer Ursache vielfacher Klagen in Rumänien gewesen.

Die Festsetzung von Mindestzöllen beim Doppeltarif geschieht in autonomem, wirtschaftspolitischem Interesse, indem durch die Minimalkolonne den einzelnen Industrien ein Mindestzollschutz garantiert wird, der nur auf gesetzlichem Wege geändert werden kann. Man darf annehmen, daß Rumänien in der Hauptsache aus diesem autarkisch innerwirtschaftlichen Beweggrund zum Doppeltarifsystem übergegangen ist. Handelspolitisch hat jedoch das System manche *Nachteile* [1]). Zunächst wird den Vertragsgegnern das Maximum an Zugeständnissen, das man im günstigsten Fall zu gewähren bereit ist, aufgedeckt. Weiter wird durch die strenge Bindung der Unterhändler an die untere Schutzgrenze ihre Beweglichkeit bei den Handelsvertragsverhandlungen beeinträchtigt. Diese mangelnde Beweglichkeit wird sich auch dem Vertragsgegner mitteilen und ihn veranlassen, in seinen eigenen Zugeständnissen entsprechend zurückhaltend zu sein.

Der Zolltarif von 1927 erwies sich denn auch als Verhandlungsinstrument als ungeeignet und die übermäßigen Zollsätze waren unhaltbar. Darum wurde nach umfangreichen Vorarbeiten am *1. August 1929 ein neuer Zolltarif* in Kraft gesetzt. Die bisher überhöhten Zollsätze weisen fast durchweg *Ermäßigungen* auf, was im Interesse des Landes sehr zu begrüßen ist. Die Anzahl der Positionen ist von 1893 auf 1803 verringert worden und die Zollsätze wurden in Papierlei festgesetzt. Der neue Zolltarif stellt eine *Kombinationen zwischen Einheits- und Doppeltarif* dar. Es haben nur diejenigen Artikel, die im Lande erzeugt werden und einen besonderen Schutz genießen sollen, General- und Minimalsätze. Für alle übrigenArtikel sind dagegen nur Generalsätze vorgesehen, die auf dem Wege der Reziprozität durch handelspolitische Vereinbarungen herabgesetzt werden können. Bis zum 1. März 1930 werden für die Waren aller Länder soweit Minimalsätze bestehen, diese in Anwendung gebracht. Bis dahin hofft die rumänische Regierung durch Abschluß von Handelsverträgen eine grundlegende Regelung der handelspolitischen Beziehungen Rumäniens zu den anderen Staaten herbeizuführen. —

---

[1]) Vgl. Siegert und Bertsch, a. a. O., S. 49 ff.

2. Die gegenseitigen handelspolitischen Beziehungen.

Einleitend sei auf die *Handelsvertragspolitik* der beiden Länder kurz eingegangen. Handelsverträge haben den Zweck, die wirtschaftlichen Beziehungen zwischen einzelnen Ländern zu regeln und durch Ermäßigung oder Bindung von Zöllen den Warenverkehr zwischen den vertragschließenden Staaten zu erleichtern. Für *Deutschland* war der Abschluß von Handelsverträgen durch die Bestimmungen des Versailler Vertrages — der bis zum 10. Januar 1925 einseitig zu gewährenden Meistbegünstigung, die Deutschland auf die importierten Waren aller Länder ausdehnte, und der Beschränkung der Zollautonomie durch vorübergehende Bindung der Zollsätze — außerordentlich erschwert. Abgesehen von einigen provisorischen Abkommen einfachster Art, kamen erst 1924 Verträge mit Tarifabreden zustande. Die Zahl der Handelsverträge ist besonders seit der kleinen Zolltarifnovelle — vorher machte sich das Fehlen eines einigermaßen entsprechenden Verhandlungsinstrumentes auf die Verhandlungen sehr hemmend bemerkbar — stark vermehrt worden.

Trotzdem *Rumänien* in seiner Handelspolitik frei von jeder Bevormundung war, hat es *keine zolltarifarischen Abreden* mit anderen Staaten getroffen und lediglich Meistbegünstigungsabkommen geschlossen, „bei denen häufig die wirtschaftlichen Interessen zugunsten der politischen Raison beiseite geschoben wurden“ [1]), so insbesondere bei den Konventionen mit Polen und der Tschechoslowakei.

Das Fehlen einer regen, den Interessen des Landes Rechnung tragenden Handelsvertragspolitik ist auf die unstabile Währungslage und die, jeder einheitlichen und festen Zielsetzung entbehrenden, dauernd schwankenden Ein- und Ausfuhrmaßnahmen zurückzuführen. Nicht zuletzt ist für diesen Zustand auch ein psychologisches Moment ausschlaggebend gewesen, das in der Wirtschaftspolitik insbesondere der liberalen Partei eine hervorragende Rolle gespielt hat, nämlich die Überzeugung, daß man nach dem Prinzip „prin noi însine“ d. h. aus eigener Kraft, ohne fremden Staaten irgendwelche Konzessionen im gegenseitigen Wirtschaftsver-

---

[1]) Rumänischer Lloyd v. 5. 1. 1927.

kehr gewähren zu müssen, autonom und autarkisch die gesamte Wirtschaft leiten und — hier liegt der logische Fehlschluß — „fördern" könne [1]).

Es ist von verschiedenen Staaten auf Abschluß von Handelsverträgen mit Tarifabreden gedrängt worden, jedoch ohne Erfolg. Diese Politik hat zum Schaden der rumänischen Volkswirtschaft zu einer Quasi-Isolierung Rumäniens in der modernen Verkehrswirtschaft geführt. Die ersten Verhandlungen über einen Handelsvertrag mit Tarifabreden führte Rumänien mit Italien. Im Juni 1927 wurden diese Verhandlungen jedoch abgebrochen, da sich der Zolltarif von 1927 in seiner oben besprochenen Gestalt für den Abschluß des Vertrages als ungeeignet erwiesen hatte. Bis zum Abschluß von Handelsverträgen auf Grundlage des neuen Zolltarifs wird das jetzige System der Meistbegünstigungsklausel ohne Bindungen weitergeführt. —

Die *handelspolitischen Beziehungen Deutschlands zu Rumänien* waren formell auf Grund des Versailler Vertrages geregelt. Vom Recht der einseitigen Meistbegünstigung bei der Zollbehandlung hat Rumänien praktisch nur in den beiden ersten Jahren Gebrauch gemacht, solange auf Grund von Wirtschaftsübereinkommen und Meistbegünstigung einer Anzahl von alliierten und neutralen Staaten die ermäßigten Sätze des alten Konventionaltarifs gewährt wurden. Seit der Verfünffachung der Sätze des alten Generaltarifs bis zum Minimalgoldzolltarif von 1924 kannte Rumänien keine differenzierte Zollbehandlung auf Waren verschiedenen Ursprungs, sodaß die deutschen Erzeugnisse keine ungünstigere Behandlung als die der übrigen Länder erfuhren. Dieser Zustand dauert bis heute an. Somit haben die deutschen Erzeugnisse in Rumänien tatsächlich die Meistbegünstigung genossen, jedoch ohne irgendwelche vertragliche Abmachung, wie sie Deutschland mit der Tschechoslowakei (1920) und Jugoslawien (1921), sowie einer Reihe anderer Länder diesbezüglich getroffen hatte.

Gehemmt wurde der deutsch-rumänische Handel durch die Beschränkung der Niederlassungsrechte deutscher Staatsangehöriger, sowie durch die Aufrechterhaltung des § 18 des Art. 244 des Versailler Vertrages, auf Grund dessen deutsches

---

[1]) Vgl. Argus v. 6. 12. 1924.

Eigentum in Rumänien beschlagnahmt werden konnte [1]). Dadurch sind auch die rumänischen Handelskreise insoweit geschädigt worden, als der deutsche Export über die Schweiz geleitet wurde, und die rumänischen Importeure die Provision hierfür mitbezahlen mußten [2]).

Der wachsenden deutschen Kapitalkraft dürfte die erfreuliche Tatsache zuzuschreiben sein, daß sich die deutsche Exportindustrie wieder zur Gewährung langfristiger Kredite von 6, 9 und 12 Monaten versteht [3]), denen sie vor dem Kriege ihre starke Stellung auf dem rumänischen Markt in erster Linie verdankte. Bis 1924 ist nach Rumänien im allgemeinen nur gegen Vorauszahlung des vollen Fakturenbetrages geliefert worden [4]); die niedrigen deutschen Goldpreise während der Inflationszeit übten jedoch auch auf Rumänien einen so großen Kaufreiz aus, daß trotz der ungünstigen Zahlungsbedingungen die rumänischen Importe aus Deutschland dauernd stiegen [5]).

Nicht unwesentlich für die Gestaltung der Handelsbeziehungen Rumäniens mit dem Ausland sind die von einzelnen Ländern in Rumänien errichteten *Handelskammern*, unter denen Deutschland noch keine aufzuweisen hat. Erfreulicherweise ist jedoch kürzlich (Anfang 1929) die Errichtung einer deutsch-rumänischen Handelskammer in Bukarest und in Berlin beschlossen worden. Frankreich ist durch das Office Commerciale Français en Roumanie, das Organ des französischen Industrie- und Handelsministerium vertreten. Griechenland hat eine eigene Handelskammer in Galaţi. Außerdem finden wir in Rumänien tschechoslowakisch-, belgisch-, englisch- und italienisch-rumänische Handelskammern. Rumänien

---

[1]) Auf Anweisung des Reichskommissars für Aus- und Einfuhrverbote wurde jede deutsche Firma, die Waren nach Rumänien exportieren wollte, vor Handelsbeziehungen mit Rumänien gewarnt, und ihr ausdrücklich erklärt, daß das Reich für keine durch Konfiskation der Waren in Rumänien entstehenden Schäden aufkommt.

[2]) Schreiben der Berliner Industrie- und Handelskammer an die siebenbürgischen Handelskammern, Kronstädter Zeitung v. 27. 9. 1923.

[3]) Buletinul Camerei de Comerţ şi Industrie din Bucureşti, 30. 4. 1926.

[4]) Rumänische Wirtschaftszeitung, 1923/24, S. 11.

[5]) Vgl. unten Tabelle S. 75.

hat seinerseits gemischte Kammern in Wien, Brüssel, Paris, Mailand und Genua. Italien zeigt von allen genannten Ländern das größte Interesse und zunehmende Rührigkeit auf dem rumänischen Markt und weiß sich den Bedingungen desselben geschickt anzupassen. „Il est probable que seules les Italiens profiterons avec les Allemands, des affaires à succès qui sont à traiter chez nous“ [1]).

Für den Handel mit Deutschland und den Absatz deutscher Erzeugnisse darf die Bedeutung der annähernd *800 000 in Rumänien lebenden Deutschen*, die neben der Landwirtschaft, insbesondere in der Unternehmerschaft Siebenbürgens und der früher ungarischen Gebiete sehr stark vertreten sind, nicht unberücksichtigt gelassen werden. Sie sind in erster Linie dazu berufen, Mittler im Wirtschaftsverkehr mit Deutschland zu sein.

Als wesentlicher Stimulus zu Bestellungen in Deutschland mögen auch die *deutschen Reparationslieferungen* beitragen, zunächst wegen der Notwendigkeit Ersatzteile von den Herstellerfirmen zu beziehen, weiter bei Neuanschaffungen wegen Wahrung der Einheitlichkeit der verwendeten Marken bzw. Fabrikate, die gerade bei den auf dem Reparationswege nach Rumänien gelieferten Verkehrsmitteln besonders wichtig ist. Rumänien steht 1,1% der Dawesrate zu und hat seit 11. 11.1918 bis zum 31. 8. 1928 78,6 Mill. Reichsmark vor allem in Eisenbahnmaterial und pharmazeutischen Präparaten erhalten [2]). Man sieht auf den internationalen rumänischen Eisenbahnlinien nur deutsche Lokomotiven, und auch die neuen Waggons stammen zum großen Teil aus Deutschland.

---

1) Bursa, Bukarest, v. 31. 10. 1926.

2) Vgl. Statistischen Anhang, Tabelle IV, Anm. *. — Per 31. 8. 1928 verblieb Rumänien noch ein unverausgabtes Guthaben von 1 288 000 RM für das 4. Dawes-Plan-Jahr. Von der fünften Jahreszahlung werden auf Rumänien ca. 22 957 000 RM fallen. Vgl. die Reparationsleistungen im zweiten Teil des vierten Planjahres. Berlin 1929, S. 18 und 201.

IV. Der Verkehr.

Der Verkehr eines Landes wird neben der wirtschaftlichen und kulturellen Entwicklungsstufe von seiner Erzeugung und seinem Verbrauch, sowie seiner Verbrauchsfähigkeit und von seiner geographischen Lage bestimmt. Die modernen Verkehrsmittel haben durch ihre Anpassung an den Raum (vor allem die Eisenbahnen und neuerdings auch die Kraftwagen), durch die Massenhaftigkeit, d. h. Billigkeit des Verkehrs, durch die Sicherheit, Regelmäßigkeit und Schnelligkeit des Transportes ihre hervorragende Bedeutung erlangt. Das Verkehrswesen greift in jede Stufe des Gütererzeugungsherganges ein; je durchgebildeter und entwickelter es ist, umso mehr kann es einen Teil der Erzeugungskosten mindern. Ein mangelhaftes und vernachlässigtes Verkehrswesen dagegen, wie das rumänische, wirkt sich zum Schaden des Landes aus und hemmt jede normale Entwicklung.

1. Die Verkehrsverhältnisse Rumäniens.

Für Rumänien mit seinem ungenügend ausgebauten Bahnnetz sind die *Straßen* die wichtigsten Verbindungswege. Fast die gesamte landwirtschaftliche Produktion des Landes, sowie ein bedeutender Teil der industriellen Produkte werden von den Produktionsstätten nach den Stationen oder Häfen auf den Straßen transportiert.

Die Verteilung der Straßen auf die einzelnen Gebiete des Landes ist sehr verschieden. Die meisten Straßenkilometer pro Einwohner (auf 1000 Einw. 8,1 km) und pro Fläche (auf 1000 qkm 439 km) hat Siebenbürgen, der entwickeltste Landesteil Rumäniens. Beßarabien hat die wenigsten Straßen und von diesen sind $^{6}/_{7}$ weder mit Steinen befestigt noch terrassiert. In Siebenbürgen machen die unbearbeiteten Wege $^{1}/_{3}$, in Altrumänien $^{1}/_{4}$ und in der Bukowina nur $^{1}/_{6}$ aus [1]). Ein sehr großer Teil der Straßen ist dadurch noch vollkommen von den Naturverhältnissen abhängig und befindet sich eigentlich nur in trockenen Jahreszeiten in benutzbarem Zustand. In vielen Teilen des Landes verwandeln sich bei heftigen Regengüssen oder in nassen Jahren die Wege zu unpassierbaren Morästen. Diese Naturabhängigkeit der Transportverhältnisse behindert den Verkehr beträchtlich und schließt eine Berechenbarkeit desselben aus. Die Transportgefäße sind außerdem auf der Landstraße in ihrer Größe äußerst beschränkt und die Massenhaftigkeit und Billigkeit ist darum beim Straßenverkehr von allen Transportwegen am geringsten.

Im größten Maße vereinigt sind die Momente der Regelmäßigkeit, Massenhaftigkeit und Schnelligkeit bei den *Eisenbahnen* „den Bringern der Verkehrswirtschaft" [2]). Die wirtschaftliche Erschließung des Landes und damit die Entfaltung seiner Volkswirtschaft verdankt Rumänien in erster Linie den Eisenbahnen. Durch den Krieg und die Angliederung der neuen Provinzen haben die Verkehrsverhältnisse jedoch einen fast katastrophalen Charakter angenommen und sind statt zum Förderer zum Hemmschuh der Wirtschaft des Landes geworden.

Die ungleichmäßige Verteilung des Bahnnetzes auf die verschiedenen Teile des Landes erhellt aus folgender Tabelle für das Jahr 1925 [3]). Aus ihr geht hervor, daß auf 100 qkm nur 4,5 km Schienen fallen, während in Deutschland und dem übrigen Westeuropa die Schienenlänge pro 100 qkm über 10 km beträgt.

---

[1]) Zusammengestellt nach Anuarul Statistic 1927, S. 130 ff.

[2]) Wiedenfeld, im Wörterbuch der Volkswirtschaft, Jena 1911, Auflage 3, Band 2, S. 1344.

[3]) Berechnet nach Anuarul Statistic 1925, S. 83 und 98, 99. Es wurden die Ziffern für 1925 gewählt, da in den Daten von 1926 und 1927 die von den Eigentümern verwalteten Privatbahnen und für 1927 die Anteile der einzelnen Landesteile an der Gesamtschienenlänge nicht angegeben sind.

	Eisen-bahnen [1]) km	Fläche in qkm	Bevölke-rung	auf 100 qkm kommen	auf 10 000 Einwohner kommen
				Bahnlänge in km	
Altrumänien	4 405 013	137 903	7 892 311	3,2	5,5
Siebenbürgen	5 606 892	102 200	5 487 966	5,5	10,2
Bukowina ...	736 001	10 442	811 721	7,0	9,0
Beßarabien .	1 209 710	44 422	2 956 934	2,5	4,0
Rumänien .	11 957 616	294 967	17 153 932	4,5	6,9

Spurweite und Verwaltung sind auf den einzelnen Strecken sehr verschieden und tragen zur Zersplitterung des rumänischen Bahnnetzes stark bei [2]).

Die *Zerrissenheit der Verkehrsverhältnisse* findet ihre Erklärung in dem Umstand, daß das rumänische Verkehrsnetz ein Produkt von vier verschiedenen Staaten ist. Die Verkehrslinien der neuen Provinzen tendieren nach den alten Verkehrszentren ihrer früheren Staaten und sind dadurch mit dem Bahnnetz von Altrumänien und den Häfen ganz ungenügend verbunden. Konnexe bestehen mit den alten ungarischen Gebieten an vier Punkten, von denen die wichtigsten Predeal und Verciorova sind, mit der Bukowina an einem und an zwei mit Beßarabien.

Mit dem Bau der dringendsten *Verbindungslinien* ist begonnen worden. Die Linie Ilva Mica-Vatra Dornei wird die reichen Waldbestände zwischen der Maramuresch und Bukowina erschließen und Siebenbürgen mit der Bukowina verbinden. Damit wird auch der große äußere Eisenbahnring des Landes geschlossen, der von Bukarest über Craiova, Verciorova, Temesvar, Arad, Oradea-Mare-Großvardein, Satmar, Sighetul Marmaţiei bis Borsa und nun etwas südlicher bei Ilva Mica seinen Anschluß an Vatra Dornei und damit seiner östlichen Hälfte erhält, die längs des Sereth über Paşcani, Bacău, Focşani, Ploeşti nach Bukarest verläuft. Eine zweite Kreislinie haben wir auf dem siebenbürgischen Plateau mit Ausgangs- und Endpunkt von Kronstadt [3]) [4]). Die Linie

[1]) Von rumänischen Bahnen sind nur 266,9 km zweigleisig.
[2]) Vgl. Anuarul Statistic 1925, S. 83.
[3]) Murgoci und Popa-Burca zit. bei Rommenhöller, a. a. O., S. 585.
[4]) Die übrigen wichtigen Eisenbahnlinien laufen entlang der Flüsse mit Abzweigungen nach dem Gebirge und dem siebenbürgischen Plateau.

Bumbești-Livezi wird die Verbindung zwischen dem altrumänischen Bahnnetz und dem Petroșaner Kohlengebiet herstellen. Die doppelgleisige Bahn Kronstadt—Nehoiaș—Buzeu soll die Strecke Kronstadt—Ploești entlasten und den direkten Anschluß Siebenbürgens an die Donauhäfen und Constanța vermitteln, womit sie für den Transport durch Rumänien internationale Bedeutung erlangt. Mit dem Ausbau der Linie Kishinew—Sapaidac kann der Verkehr Beßarabiens ohne Umweg nach den Donauhäfen geleitet werden. Von minderer Bedeutung für den Export ist die Verbindungsstrecke Tulcea—Babadag.

Der landwirtschaftliche Charakter des Landes bringt es mit sich, daß die *Verkehrsintensität* und damit die Rentabilität der Bahnen starken Schwankungen ausgesetzt ist. Gebiete, in denen während der Realisierung der Ernte ein leistungsfähiges und dichtmaschiges Bahnnetz unbedingt zu fordern wäre, weisen in normalen Zeiten nur ein bescheidenes Verkehrsbedürfnis auf, das große Verkehrsanlagen unberechtigt erscheinen läßt. In solchen Fällen ist es Aufgabe des Staates, für einen zweckentsprechenden Ausbau des Verkehrsnetzes nach volkswirtschaftlichen Gesichtspunkten Sorge zu tragen.

Muß schon das Verkehrsnetz in seiner räumlichen Ausbreitung als unzureichend angesehen werden, so gilt dies in noch weit stärkerem Maße vom Zustand des Bahnober- und -unterbaues und den Bahnbrücken, wodurch eine geringe Geschwindigkeit der Züge und damit eine Drosselung des Verkehrs verursacht wird. Die qualitative Beschaffenheit [1]) und quantitative Verfügbarkeit des *rollenden Materials* trägt den Anforderungen der Wirtschaft des Landes überhaupt nicht Rechnung. Der betriebsfähige Fahrmittelpark Rumäniens ist so klein, daß auf 100 km Betriebslänge 1925 nur 16 Lokomotiven und 400 Güterwagen aller Art entfielen [2]), während in Deutschland auf dieselbe Einheit im gleichen Jahr 50 Lokomotiven und 1277 Gepäck- und Güterwagen kamen [3]).

---

[1]) Vgl. Zeitung des Vereins deutscher Eisenbahnverwaltungen, 1924, S. 530.

[2]) Berechnet nach Siebenbürgische Handelszeitung, 1927, Heft 3, S. 1 ff.

[3]) Statistisches Jahrbuch für das Deutsche Reich, 1928, S. 148.

Vergleicht man die Größe des rollenden Materials in den vorhergehenden Jahren, so muß man feststellen, daß die Anzahl der betriebsfähigen Wagen abgenommen hat, da es am entsprechenden Kapital für Neuanschaffungen, sowie an genügenden Reparaturwerkstätten im Lande fehlt. Nur dem schnelleren Wagenumlauf ist es zu danken, daß sich die Gesamtleistung des Verkehrs in den letzten Jahren auf annähernd derselben Höhe halten konnte [1]), zum Schaden der Fahrmittel natürlich, die stark abgenutzt werden. Das Fehlen von genügenden Güterwagen macht sich in Produktion und Handel des Landes auf das empfindlichste bemerkbar. Die Nachbarstaaten haben sich zum Teil zu helfen gewußt, indem sie ihre Wagen der rumänischen Staatsbahn leihweise überließen und ihre Einfuhr aus Rumänien in eigenen Wagen abholen. Der Mangel an geeigneten Lagerhäusern und Kühlanlagen beeinträchtigt des weiteren den Export des Landes.

Das *Bahnpersonal* hat sich besonders in den neuen Provinzen, wo die alten Eisenbahner zum großen Teil entfernt wurden, den gestellten Anforderungen, insbesondere was Sachkenntnis und Verläßlichkeit anbelangt, nicht im gewünschten Maße gewachsen gezeigt. Es tragen alle diese Umstände dazu bei, daß die Regelmäßigkeit und Schnelligkeit der Eisenbahnen zum großen Teil illusorisch werden und auf die eigenen und fremden Wirtschaften ungünstig wirken.

Bei diesen Verhältnissen hatte es wenig zu bedeuten, daß dank einer großen Defizitwirtschaft die *Tarife* äußerst niedrig gehalten wurden [2]). Seit 1926 ist eine Anpassung der Tarife an die Geldentwertung vorgenommen worden und mit der Verselbständigung der rumänischen Eisenbahnverwaltung (1. Januar 1926) und der Trennung des Eisenbahnbudgets vom allgemeinen Staatshaushalt wird bei der Eisenbahnverwaltung ein finanzieller Ausgleich zwischen Einnahmen und Ausgaben angestrebt.

---

[1]) Vgl. Zeitung des Vereins deutscher Eisenbahnverwaltungen, 1926, S. 158.

[2]) Auf den Exportzuschlag auf Ausfuhr- und Transitgüter ist schon hingewiesen worden. Vgl. oben S. 31 und 34.

Die Durchführung des Wiederaufbaues und der Verbesserung des rumänischen Eisenbahnwesens ist ohne ausländische Kredithilfe unmöglich gewesen, da sich die erforderliche Summe auf ca. 130 Mill. $ beläuft [1]). Einstweilen sind von der rumänischen Stabilisierungs- und Aufbauanleihe 1929 35 Mill. $ für die dringendsten Arbeiten zur Verfügung gestellt worden [2]). Die im Bau befindlichen oben erwähnten Verbindungslinien sollen zu Ende geführt und die Gleise der wichtigsten Strecken verdoppelt werden. Daneben wird eine Verbesserung und Vermehrung des rollenden Materials und eine Vergrößerung der Reparaturwerkstätten geplant. Die Arbeiten sollen innerhalb von drei Jahren durchgeführt werden. Man darf hoffen, daß mit ihrer Vollendung das rumänische Verkehrswesen wenigstens einigermaßen den wirtschaftlichen Anforderungen entsprechen wird. —

In engster Fühlung mit den Eisenbahnen stehen die Transportmittel der *Binnenschiffahrt.* Die Binnenwasserstraßen sind im Gegensatz zu den Eisenbahnen, die sich dem Gelände leicht anpassen können, noch stark von natürlichen Verhältnissen abhängig. Sie stehen als natürliche Wasserstraßen nur an bestimmten Stellen zur Verfügung und geben dank ihrer kostenlosen Benutzbarkeit ihrem Einflußbereich einen unerreichten Vorsprung; für Rumänien sind sie von altersher von größter Bedeutung gewesen.

Außer der Donau sind gegenwärtig für kleinere Schiffe der Dnjestr [3]) mit 192 km und der Pruth mit 150 km schiffbar. Dem Pruth wird nach seiner Regulierung wegen seiner Lage zwischen großen und reichen Getreidegebieten und der Binnenschiffahrtsverbindung, die er von der Donau nach der Moldau, Beßarabien und der Bukowina herstellt, eine größere wirtschaftliche Bedeutung zukommen. Kleinere Flußstrecken (Muresch) und Kanäle in der Theißebene sind auch schiffbar, doch können im übrigen die Flüsse nur zum Holztransport benutzt werden. Die Verteilung der Flußläufe auf das ganze Land ist recht günstig, sie durchqueren und umrahmen die

---

[1]) Vgl. Industrie- und Handels-Zeitung vom 1. 2. 1929.

[2]) Vgl. zur Stabilisierungsanleihe unten VI, 2, S. 95 ff.

[3]) Wegen des ungeklärten politischen Verhältnisses zwischen Rumänien und Rußland ruht seit 1918 die Schiffahrt auf dem Dnjestr.

Getreideanbaugebiete und ihre Regulierung und Schiffbarmachung sind in Rumänien, wo die Produktion des Landes hauptsächlich Massengüter für den Versand liefert, und reichliche sowie billige Wassertransportmittel zur Verteilung des Getreides, Mineralöles und Holzes auf den heimischen Markt und für den Export zum Transport nach den Häfen vorhanden sein müßten, ein dringendes Bedürfnis.

Die wichtigste Binnenwasserstraße für Rumänien ist und bleibt die Donau, ohne die die rumänische Flußschiffahrt äußerst beschränkt wäre. Rumänien hat mit 1 075 km Anteil am unteren Donaulauf. Die natürlichen Verhältnisse des Stromes sind in Rumänien, mit Ausnahme der Kataraktenstrecke im Eisernen Tor und der zeitweisen Versandung des Mündungskanals im allgemeinen günstig. Die klimatischen Faktoren bedingen allerdings zu Zeiten Niedrigwasser, die die Schiffahrt stören, und im Winter Vereisung, wodurch die Donau unpassierbar wird. Der Export geht dann auf dem Bahnweg über die Cernavoda-Brücke nach Constanța.

Die Schiffahrt kommt zu ihrer vollen Bedeutung erst durch entsprechende *Hafenanlagen* und Anschluß an das Bahnnetz. Von den rumänischen Donauhäfen sind eine große Anzahl mit dem Bahnnetz und dem Hinterlande verbunden. Unter ihnen spielen Braila und Galați die größte Rolle. Ihre Bedeutung verdanken sie der Doppelstellung als Fluß- und Seehafen [1]) und der geographischen Lage an den Punkten, wo der den Karpathenzug entlang strömende Verkehr aus der Moldau und Walachei der Donau am nächsten kommt. Die Lager- und Verladeeinrichtungen in den rumänischen Häfen sind mit Ausnahme des „neuen Beckens“ in Galați, das 1925 dem Verkehr übergeben wurde, im wesentlichen dieselben geblieben wie für Altrumänien vor dem Kriege und können den bedeutend gestiegenen Anforderungen des Umschlagsverkehrs, insbesondere beim Holzexport, nicht gerecht werden. Die unberechenbaren Verkehrsverhältnisse der Eisenbahnen, auf denen der Transport der Güter von und nach dem Umschlagsplatz vor sich geht, tragen ihrerseits dazu bei, daß die

---

[1]) Dampfer von einer Wasserverdrängung von 3 000 t können bei normalen Verhältnissen im Sulina-Kanal bis zu den beiden Häfen verkehren.

Donau-Wasserstraße für den Außenhandel viel an Bedeutung verliert.

Die rumänischen Produkte werden beim Export, soweit sie auf dem Wasserwege zum Ausfuhrhafen gelangen, durch die im Vergleich zu den ausländischen Gesellschaften *höheren Frachtsätze der einheimischen Schiffahrtsunternehmungen* belastet. Da der rumänische Staat der nationalen Schiffahrt das Recht der Flußkabotage allein einräumt, müssen alle Donautransporte von einer rumänischen Station zu einer anderen rumänischen Station von rumänischen Schiffahrtsgesellschaften ausgeführt werden. Die höheren rumänischen Frachtsätze dürften ihre Erklärung einerseits in der Zersplitterung der Kräfte der rumänischen Donauschiffahrt (Societatea Română Dunareană, die staatliche Navigaţia Fluvială Română und kleinere private Unternehmungen) und dem hierdurch bedingten unrationellen Betrieb, sowie andererseits in ihrer Monopolstellung bei der Flußkabotage finden.

Die Binnentransportmittel sind als Sammler und Verteiler die Vermittler des kontinentalen Verkehrs nach und vom Meere und stehen somit als Ergänzung dem *Seeverkehr* gegenüber. Die Größe der Transportgefäße und außerordentliche Niedrigkeit der Frachten machen den Seeverkehr zum eigentlichen Träger des Massengüterverkehrs und Welthandels.

Die *natürlichen Grundlagen* sind in Rumänien für den Seeverkehr nicht besonders geeignet. Die rumänische Schwarz-Meer-Küste bietet von Natur aus keine guten Anlage- und Ausgangspunkte der Schiffahrt. Der Konnex der Küste mit dem Hinterland wird durch die Balta und Donaumündung erschwert und nur mit einer eingleisigen Bahn über die Brücke von Cernavoda nach Constanţa, dem einzigen bedeutenden Seehafen Rumäniens, hergestellt. Ein Ausgleich für diesen Nachteil wird durch den Seeverkehr von Galaţi und Braila geschaffen, in denen die Flußschiffahrt und Eisenbahn direkten Anschluß an die Seeschiffahrt gewinnen.

Was von den unzureichenden *Hafenanlagen* bei der Binnenschiffahrt gesagt wurde, gilt in verstärktem Maße für die Seeschiffahrt. In allen rumänischen Häfen sind wegen Mangel an entsprechenden mechanischen Verladeeinrichtungen und Fehlen rationeller Arbeitsleistung die Umschlagsgebühren abnorm hoch [1]). Zum großen Teil sind die wirtschaftlich ungesunden Zustände in den rumänischen Häfen auf den Umstand zurückzuführen, daß sich der Staat das Recht der Kontrolle und Verwaltung der Häfen vorbehält und der Privatinitiative kein Raum zur Vornahme von Verbesserungen geboten wird. Nach einem neuen Gesetzentwurf will man mit diesem System brechen, indem die Häfen Braila, Galaţi, Constanţa und Giurgiu für autonom erklärt und außerdem Freihafenzonen errichtet werden. —

2. Rumäniens verkehrsgeographische Lage und Verkehrsbeziehungen zu Deutschland.

Rumänien bedeckt heute einen Flächenraum von über 294 000 qkm und hat sich damit gegenüber Altrumänien (137 903 qkm) in seiner Größe mehr als verdoppelt. Die natürlichen Grenzen Rumäniens — Donau, Schwarzes Meer und Dnjester — bilden keine Verkehrshindernisse und im Nordwesten und Norden geht Rumänien in morphologisch gleichartig aufgebaute Landschaften über. Es stellen diese Teile des Landes — getrennt durch die Ostkarpathen — zusammen mit der Donau die kontinentalen Ausfallstore Rumäniens gegen das nordwestliche und nordöstliche Europa dar, während die Donaumündung und die Schwarzmeerküste die maritime Verbindung mit Südostasien und der übrigen Welt vermitteln.

Das untere Donaugebiet fällt durch seine Lage in die Verkehrswege, die sich zwischen größeren natürlich geographischen und der wirtschaftlichen Struktur nach verschieden aufgebauten Gebieten herausgebildet haben. Diese *Zwischenlage Rumäniens*, die Ratzel als eine der wichtigsten in Europa bezeichnet [2]), hat durch die Angliederung der neuen Provinzen stark gewonnen und die Einflußsphäre Rumäniens nach dem Nordwesten und

[1]) Der Umschlag einer Tonne aus dem Eisenbahnwagen in den Dampfer kostete in Constanţa soviel wie der ganze Transport dieser Tonne von Constanţa nach Rotterdam. Popescu, Problema transporturilor faţa de produc,iune. Bucureşti 1923 S. 9. Bei der Schiffahrt durch den Sulina-Kanal verteuern die Gebühren der europäischen Donaukommission die Transporte.

[2]) Ratzel, Politische Geographie, 3. Aufl. München, Berlin 1923, S. 235.

Nordosten erweitert. Rumänien bildet „die Brücke zwischen Orient und Okzident". Mit der Steigerung des Angewiesenseins Westeuropas auf die natürlichen Produkte des Orients, der Levanteländer, Indiens und Ostasiens und mit dem Fortschritt des kulturellen und wirtschaftlichen Aufbaus dieser Gebiete, von denen sich die Türkei und Palästina mit ihren Hinterländern in der letzten Zeit besonders stark entwickelt haben, nimmt auch Rumäniens Bedeutung als Durchgangsland zu.

Die Donau ist berufen, nach Vollendung der Kanalverbindung mit dem Rhein beim *Durchgangsverkehr* eine besonders wichtige Rolle zu spielen. Deutschland wird durch die durchgehende Binnenwasserstraße befähigt sein, seine Interessen dem Südosten noch mehr zuzuwenden und seine kontinentalen Beziehungen weiter zu verstärken. Für den Personen- und Postverkehr sowie den Versand hochwertiger Güter kommen für Deutschland die großen kontinentalen Bahnlinien, die über Rumänien nach Constanța bzw. nach dem Balkan führen, ihrer Kürze wegen in erster Linie in Betracht. Für die Türkei, Palästina, Ägypten und Griechenland sind die direkten Bahnlinien über Rumänien nach Österreich, der Tschechoslowakei und Deutschland für den Transport ihrer Südfrüchte und Kolonialwaren, die auf schnellsten Versand drängen, von Wichtigkeit. Konstantinopel, der Ausgangspunkt wichtiger Verkehrslinien nach Vorderasien, und der Suez-Kanal sind über Constanța für Deutschland und einen Teil von Mittel- und Nordeuropa insbesondere für diejenigen Gebiete, welche die rumänische Umgehungsbahn der Karpathen vorteilhaft benutzen können, schneller zu erreichen als über Belgrad—Varna bzw. Südrußland—Odessa (heute für den internationalen Durchgangsverkehr bedeutungslos geworden) oder Triest und Brindisi [1]).

Es muß als ein besonders günstiger Umstand angesehen wer-

[1]) Vgl. die diesbezüglichen Teiluntersuchungen von Băicoianu „Die handelspolitischen Bestrebungen Englands zur Erschließung der unteren Donau". Leipzig 1913 und Südhof, a. a. O. Dem Durchgangsverkehr, besonders dem Passagier- und Postverkehr trägt die rumänische Orientlinie Rechnung, welche die Strecken Constanța—Konstantinopel und Constanța—Konstantinopel—Smyrna—Alexandrien regelmäßig befährt.

den, daß die Wege des Durchgangsverkehrs mit denjenigen, die zur Versorgung des inneren rumänischen Marktes notwendig sind, in Großrumänien mehr noch als in Altrumänien zusammenfallen. Beim reinen *Bahnverkehr zwischen Deutschland und Rumänien* wird für die Wahl des Weges die Lage des Absendungsortes und die des Empfangsortes in beiden Ländern maßgebend sein. Für West- und Süddeutschland kommt nach Siebenbürgen und Altrumänien die Bahnlinie Wien—Budapest—Curtici bzw. Episcopia (rumänische Grenze)—Bukarest in Frage, die aber ebenso wie die für Mitteldeutschland günstig gelegene Strecke Bodenbach-Prag-Budapest-Curtici bzw. Episcopia—Bukarest ziemlich hohe Frachtkosten verursacht [1]. Die zurzeit billigste und rascheste Bahnlinie für Deutschland mit Ausnahme von West- und Süddeutschland führt über Oderberg—Lemberg—Kolomea mit der Umgehungsbahn der Karpathen nach Bukarest bzw. Donauhäfen-Constanța.

Polen gelang es auf Grund eines Verbandstarifes mit Rumänien — der auch für den Transit durch Polen gilt — große Teile des gesamten Verkehrs von den tschechoslowakischen auf die eigenen Linien abzuziehen, worauf die tschechoslowakischen Bahnen ihre Frachtsätze über Halmei teilweise bis zu 47% herabsetzten. Diese gegen Polen gerichtete Maßregel wirkte aber auf die österreichischen und ungarischen Bahnen absaugend, und diese sahen sich genötigt (ab 9. 2. 1925), auch ihrerseits im Verkehr von Passau und Buchs nach den rumänischen Grenzbahnhöfen Curtici, Episcopia bedeutende Frachtermäßigungen einzuführen. Das Ergebnis dieser Maßnahmen war eine wesentliche Verbilligung des Verkehrs von Westeuropa vor allem von Deutschland nach Rumänien [2]. Für den Bahntransport zwischen Deutschland und Rumänien sind am 1. 2. 1929 direkte Tarife eingeführt worden.

Im übrigen hat es Rumänien unterlassen in größerem Umfang mit seinen Nachbarländern Konventionen abzuschließen, durch welche sein Gütertransport mit dem Ausland begünstigt und Rumänien die wichtige Stellung, die ihm als Durchgangs-

---

[1] Industrie- und Handels-Zeitung vom 10. 12. 1925.

[2] Zeitung des Vereins deutscher Eisenbahnverwaltungen, 1925, S. 293.

land im zwischenstaatlichen Personen- und Güterverkehr zukommt, gesichert würde.

Im Gütertransport zwischen Rumänien und Deutschland kommt der *Donau* eine wachsende Bedeutung zu. Vorläufig entspricht allerdings die Donaubinnenwasserstraße den Anforderungen der Schiffahrt nicht in ausreichendem Maße. Natürliche Hemmnisse bilden die Stromschnellen und Untiefen des Oberlaufes — von denen zurzeit die zwischen Regensburg und Passau gelegenen reguliert werden — und die schon erwähnte Kataraktenstrecke des Eisernen Tores. Bei Niedrigwasser finden sich außerdem zahlreiche Furten, welche die Schiffbarkeit bedeutend herabmindern und den Schiffstransport wegen der geringen Ladungen vielfach unwirtschaftlich machen [1]). Die Eisverhältnisse bedingen für einige Monate Stillegung der Schiffahrt, und die Regelmäßigkeit und Berechenbarkeit der Transporte können am Anfang und Ende dieser Periode gestört werden.

Durch die Friedensverträge und die internationale Donauakte vom 23. Juli 1921 ist die Donau für international erklärt worden: für den gesamten Strom von Ulm bis zum Schwarzen Meer gilt die Freiheit der Schiffahrt und die Gleichberechtigung aller Flaggen. Dessen ungeachtet besteht jedoch eine Hypertrophie von behördlichen Taxen und Gebühren, die selbst bei Ladungen minderwertiger Massengüter stark ins Gewicht fallen. Auch die durch die Handhabung der Hafenzölle und Polizeiformalitäten herbeigeführten Verzögerungen belasten die Schiffahrt [2]).

Als Vorteil für den Donauverkehr sind der Bahn gegenüber die niedrigeren Frachten [3]) und dem Seeweg gegenüber die bedeutend größere Schnelligkeit (durch Motorgüterschiffsdienst)

---

[1]) „So mußten während der Trockenperiode in den letzten Jahren mit Mais beladene Fahrzeuge oft wochenlang in den Häfen wegen der geringen Wassertiefe liegen bleiben oder aber die Ladung auf 2 Dampfer verteilt werden". Rhein-Donau Verkehrshandbuch, Berlin 1926, S. 355 ff.

[2]) Vgl. die diesbezüglichen Untersuchungen und Feststellungen von Hines in „Rapport relatif à la navigation sur le Danube", Genève 1925, S. 38.

[3]) Genaue Ziffern darüber im Kapitel über Donauschiffahrt von Bingold im Handwörterbuch der Staatswissenschaften, Aufl. 4, Jena 1926, Bd. 3, S. 283.

anzuführen. Immerhin wird der Versand auf der Donau außer den oben genannten Verhältnissen durch den Umschlag in Deutschland und Rumänien und die beträchtlichen Mehrkosten für den Bahntransport bis zum Donauhafen, insbesondere von Nord- und Ostdeutschland, sowie durch die im Vergleich zu anderen Ländern hohen deutschen Frachtkosten verzögert und verteuert.

Die von der deutschen Reichbahngesellschaft analog den Seehafentarifen für die bayerischen Donauumschlagsplätze eingeführten Ausnahmetarife — vor allem Durchfuhrtarife — haben auf den Verkehr der Schiffahrtsgesellschaften und der Reichsbahn eine belebende Wirkung ausgeübt. Der gesamte Umschlagsverkehr der bayerischen Donauhäfen (Deggendorf, Regensburg, Passau) stieg von 438 457 t im Jahre 1925 auf 596 679 t im Jahre 1926, und 716 212 t im Jahre 1927, eine bisher noch nicht erreichte Ziffer [1]).

Von Aus- und Einladungen in Regensburg und Passau entfielen 1923 bis 1926 über 70% und 1927 sogar 75% in Gewichtstonnen auf ausländische Schiffe [2]). Die deutsche Dampfschiffahrtsgesellschaft „Bayerischer Lloyd Schiffahrts-A.-G." vermittelt neben den übrigen österreichischen, ungarischen und anderen Donaudampfschiffahrtsgesellschaften den Güterverkehr zwischen Deutschland und Rumänien. Neben einer Tankflotte [3]) und anderen Fahrzeugen besitzt der Bayerische Lloyd den größten und modernsten Motorschiffspark auf der Donau [4]). Der wirtschaftliche Vorteil des Motorschiffsverkehrs beruht auf seiner Schnelligkeit, wodurch einerseits die Umlaufsgeschwindigkeit der Fahrzeuge und damit die Wirtschaftlichkeit der Unternehmung erhöht, andererseits aber die Zeit- und Zinsverluste der beförderten Güter auf ein Minimum beschränkt werden. Die rumänische Donauflotte spielt im Verkehr mit Deutschland keine Rolle.

---

[1]) Die freie Donau, 1927, Nr. 5, S. 1 und 1928, Nr. 10, S. 302.

[2]) Statistik des Deutschen Reichs, Bd. 326 und 356.

[3]) Im Jahre 1926 betrug ihr Laderaum 17,7% der Gesamt-Donautankflotte. Der Anteil des Bayerischen Lloyd am Gesamt-Mineralölproduktenverkehr auf der ganzen Donaustrecke belief sich in den Jahren 1922—26 auf annähernd 20%. Nach Mitteilung des Bayerischen Lloyd.

[4]) Rhein-Donau-Verkehrshandbuch, a. a. O., S. 246.

Der *Güterverkehr der Häfen Regensburg und Passau* stellte sich in den letzten Jahren wie folgt [1]:

	Versand nach Rumänien in t	Empfang aus Rumänien in t
1923	9 524 ½	32 695
1924	7 223 ½	46 648 ½
1925	10 846 ½	40 777
1926	31 998 ½	53 127
1927	28 994 ½	108 950 ½

Das mengenmäßige Mißverhältnis zwischen versandter und empfangener Gütermenge tritt in diesen Zahlen in Erscheinung [2]. Die großen Schwankungen der Gütermenge hängen mit dem Ernteausfall in Rumänien zusammen, der auf die Verkehrshöhe der gesamten Donauschiffahrt von Einfluß ist.

Im Donauverkehr Deutschlands mit den Donauländern stand Rumänien hinter Ungarn und Jugoslawien und vor der Tschechoslowakei und Bulgarien; 1927 nahm Rumänien beim Empfang sogar den ersten Platz ein. Von dem Empfang aus Rumänien im Jahre 1924 entfielen 33% auf Getreide und 64% auf Mineralöle, im Jahre 1925 stieg der Prozentsatz der Mineralöle, dem wichtigsten Verkehrsgut Rumäniens auf dem Donauweg nach Deutschland, auf 87%. 1926 betrug die Quote der Mineralöle 73%, während sich im Jahre 1927 der Empfang aus Rumänien zur Hälfte auf Mineralöle und Getreide verteilte [3]. Beim Versand nach Rumänien auf der Donau hat Eisen mit 62% den größten Anteil, die übrigen Prozente verteilen sich auf Chemikalien und Drogen und andere Stückgüter [4].

Beim Export rumänischer Landesprodukte nimmt der *Seetransport* über *Constanța* und die Donaumündungshäfen mengenmäßig den ersten Platz ein. Da die bescheidene

[1]) Statistisches Jahrbuch für den Freistaat Bayern 1924, 1926,

[2]) Im Gegensatz zum deutsch-rumänischen Donauverkehr muß festgestellt werden, daß im Gesamtempfang und Versand von Regensburg in den Jahren 1925—27 die Warenmengen ungefähr gleich groß waren.

[3]) Statistisches Jahrbuch für den Freistaat Bayern, 1928, S. 222.

[4]) Ebda. S. 53.

rumänische Handelsflotte, die den Güterverkehr auf der Okzidentlinie nach den Nordseehäfen versieht, den Ausfuhr- und Einfuhrbedürfnissen nicht im entferntesten genügen kann, teilen sich in den Seeverkehr Rumäniens ausländische Schifffahrtsunternehmungen. Im Gesamtschiffsverkehr der rumänischen Seehäfen standen 1925 und 1926 die griechischen und italienischen Schiffe an erster Stelle, es folgten rumänische, englische, französische, deutsche und holländische Fahrzeuge [1]).

Im Hafenverkehr von Constanța (1925, 1926) ist England mit der größten und Italien mit der zweitgrößten Tonnage vertreten. Deutschland kommt erst nach den oben angeführten Flaggen. Im allgemeinen verzeichnet der Schiffsverkehr und Export in Constanta 1926 gegenüber den Vorjahren eine große Steigerung. Der Import besteht vor allem aus Eisen- und Stahlerzeugnissen, Kohlen, Kolonialwaren, Chemikalien und Drogen, der Export überwiegend aus Erdölderivaten [2]), weiter Getreide und Holz.

Am *Seeverkehr der Donaumündungshäfen* ist die griechische Schiffahrt seit 1924 mit der weitaus größten Tonnage beteiligt und hat England an die zweite Stelle gedrängt; Italien und Deutschland nehmen 1925 den dritten und vierten Platz ein [3]). Auf die starke Steigerung des deutschen Schiffsraumes bis 1925 wird von englischer Seite besonders hingewiesen [4]). Im Jahre 1926 fällt allerdings Deutschlands Anteil ganz beträchtlich. Auch die englische Tonnage geht zurück und tritt an dritte Stelle hinter Griechenland und Italien, deren Schiffsraum stark anwächst. Die Hauptgründe für die Zunahme der griechischen Schiffahrt werden in den billigeren Löhnen der griechischen Besatzung und in der Tatsache gesehen, daß viele griechische Schiffe alt sind und zu einem mäßigen Preis verchartert werden [5]).

---

[1]) Annuarul Statistic 1927, S. 202 ff.

[2]) Der Export der Erdölprodukte erfolgte 1924 zu 9% auf dem Landwege und zu 91% auf dem Wasserwege und zwar 28% über die Donauhäfen und 53% über Constanța. Zeitung des Vereins deutscher Eisenbahnverwaltungen, 1925, S. 804.

[3]) Statistique de la navigation à l'embouchure du Danube pour l'année 1925. Ebda. 1926 und 1927.

[4]) Commercial Reports, a. a. O., 1926, S. 37.

[5]) The Board of Trade Journal, vom 8. 9. 1927.

Die Tonnage der von Sulina ausgelaufenen deutschen Schiffe betrug 1923 68 126 R.-T., 1924 93 957 R.-T. und 1925 122 510 R.-T. Im Jahre 1926 fällt sie allerdings auf 79 702 R.-T. und 1927 sogar auf 62 215 R.-T., wodurch Deutschland hinter Rumänien, Frankreich und Ägypten zu stehen kam. Über den Import durch die Donaumündung existieren keine verläßlichen Angaben. Soweit die Schiffe nicht in Ballast fahren, führen sie Kohlen und Kaufmannsgüter ein. Der Export besteht in erster Linie aus Getreide, Mahlprodukten, Futtermitteln und Holz und richtete sich 1927 in erster Linie nach Deutschland [1]).

Im *Schiffsverkehr zwischen deutschen und rumänischen Häfen* ist die deutsche Flagge nur zum Teil vertreten, wie folgende Tabelle zeigt:

	von Rum. in dtsch. Häfen [2]) angekommen		nach Rum. von dtsch. Häfen abgegangen	
	überhaupt	davon unter deutsch. Flagge	überhaupt	davon unter deutsch. Flagge
	in 1000 R.-T. netto			
1923	195,6	16,8	79,4	30,5
1924	153,7	33,7	111,1	57,3
1925	160,9	43,5	96,9	49,1
1926	288,6	36,6	110,6	52,7
1927	412,4	48,1	125,0	48,7

Wenn auch der Anteil der deutschen Schiffe beträchtlich im Steigen begriffen ist, so entfällt im Ankunftsverkehr doch der überwiegende Teil auf fremde Schiffe. Von abgegangenen Schiffen laufen dagegen fast die Hälfte unter deutscher Flagge.

Im deutsch-rumänischen Seeverkehr spielt die deutsche Levante-Linie eine bedeutende Rolle. Vor dem Kriege hatte sie ab deutsche Häfen nach der Levante und dem Schwarzen Meer eine Monopolstellung, sodaß alle deutschen Waren durch sie befördert wurden. Seit dem Kriege unterhalten außer der deutschen Levante-Linie noch deutsche, holländische schwedische und englische Reedereien einen Schiffsverkehr nach Rumänien, von denen jedoch ein Teil den Dienst wieder

[1]) S. Anm. 3, S. 70.

[2]) Im unmittelbaren Verkehr. Außerdem im Zwischenverkehr 83,8, 8,9, 5,3, 32,4 und 41,0 bzw. 17,7, 1,5, 2,7, O und 2,2. Statistik des Deutschen Reichs, Bd. 323, 334, II, 341, II und 352.

aufgegeben haben. Immerhin wird auch weiterhin ein Teil der deutschen Exportwaren und rumänischen Importgüter auf englischen und schwedischen Schiffen verfrachtet [1].

Über die durchschnittliche Schiffsausnutzung im Güterverkehr mit den einzelnen Ländern (Küstenstrecken) sind vom Statistischen Reichsamt für das Jahr 1925 zum erstenmal genauere Berechnungen vorgenommen worden, während bis dahin nur Schätzungen vorlagen [2]. Im Jahre 1925 wurden 155 000 t Gütermenge aus Rumänien in die deutschen Häfen eingeführt und 20 000 t nach den rumänischen Häfen ausgeführt. Die entsprechenden Ziffern für 1926 lauten 473 000 t Einfuhr, 17 000 t Ausfuhr und für 1927 798 000 t Einfuhr und nur 16 000 t Ausfuhr. Das Verhältnis des Güterverkehrs zum Raumgehalt der beladenen Schiffe R.-T.-n. betrug im Ankunftsverkehr aus Rumänien 1925 0,94, 1926 1,47 und 1927 1,77 t je netto R.-T. und im Abgangsverkehr 0,21 bzw. 0,17 (1926 und 1927) je netto R.-T. Während die Schiffsausnutzung im Ankunftsverkehr aus Rumänien im Jahre 1925 fast dem Durchschnitt (0,95 je netto R.-T.) entspricht und 1926 sowie 1927 sogar weit über dem Durchschnitt (0,81 und 1,01 t je netto R.-T.) liegt, erreicht sie im Abgangsverkehr nach Rumänien noch nicht einmal die Hälfte (0,56 t je netto R.-T.) und beträgt 1926 nur $^1/_5$, 1927 $^1/_3$ des Durchschnittes (0,90 bzw. 0,56 t je netto R.-T.). Es tritt somit im Verkehr mit Rumänien die überragende Bedeutung der Einfuhr von Massengütern (Rohstoffen) und der Ausfuhr von Industrieprodukten (Fertigfabrikaten) besonders kraß in Erscheinung.

---

[1]) Nach Mitteilungen der deutschen Levante-Linie.

[2]) Statistik des Deutschen Reichs Bd. 334, II, 341, II und 352.

V. Der Außenhandel.

Der Wert handelsstatistischer Angaben und ihre Vergleichbarkeit wird, abgesehen von Mängeln, die jeder *Handelsstatistik* anhaften, stark beeinträchtigt durch die in den einzelnen Ländern differierende Methode der Erfassung des Außenhandels und durch die Verschiedenheit der Warenverzeichnisse. So weicht auch die deutsche von der rumänischen Statistik teilweise erheblich ab.

Da Deutschland und Rumänien nicht unmittelbar aneinander grenzen, sind die Grenzwerte naturgemäß verschieden, die rumänischen Waren an der deutschen und die deutschen an der rumänischen Grenze höher als beim Verlassen des Landes. Auch die Wertermittlung ist in den beiden Staaten nicht gleich. In Deutschland erfolgt sie zum Teil auf Grund der Deklarationen, zum Teil durch Schätzung. In Rumänien werden die Durchschnittswerte an Hand der den Zolldeklarationen angefügten Fakturen nach Ablauf des Jahres von einer Kommission festgesetzt.

Die wichtigste Ursache für die Mengen- und Wertdifferenzen deutscher und rumänischer Handelsstatistik ist neben der Verschiedenheit der Tarabestimmungen in der unvollständigen Erfassung des Erzeugungs- und Verbrauchslandes zu sehen. In der deutschen Statistik wird zwar das Ursprungs- und Bestimmungsland angegeben, doch sind diese Länder nicht immer feststellbar, und es läßt sich in solchen Fällen nicht vermeiden, daß Waren, die zunächst nach einem der Nachbarstaaten gehen oder von dort kommen, diesem aufs Konto gesetzt werden, obwohl die betreffenden Güter ihr endgültiges Ziel erst in Rumänien erreichen oder da ihren Ursprung haben.

Die rumänische Statistik ermittelt abweichend von der deutschen als Herkunftsland das Land, von dem die Waren nach Rumänien, und als Bestimmungsland, an das die rumänischen Waren übersandt worden sind. So erscheinen vielfach Waren, die nur durch Deutschland transitierten wie

Kolonialwaren oder Rohbaumwolle als Einfuhr aus Deutschland. Beim rumänischen Export dagegen wurde Deutschland in der Regel nicht in der entsprechenden Mengen- und Werthöhe ausgewiesen. Dies gilt besonders von den Exportgütern, die per Schiff verfrachtet werden, insbesondere von Getreide. Nach der rumänischen Statistik entfällt der größte Teil des ausgeführten Getreides auf Belgien und Gibraltar, sowie erhebliche Posten auf Holland, obwohl diese Gebiete am Konsum der rumänischen Zerealien nur verhältnismäßig gering beteiligt sind. Gibraltar figuriert als vorläufiger Bestimmungsort für Getreidesendungen „an Ordre", über die also noch nicht definitiv verfügt worden ist. Belgien und Holland dagegen sind in der Hauptsache für die rumänischen Exportgüter Durchfuhrländer, die den Weiterversand besorgen [1]).

1. Der deutsch-rumänische Güteraustausch im Rahmen des beiderseitigen Gesamtaußenhandels.

Rumäniens Außenhandel [2]).

	Gesamteinfuhr in Mill. Goldlei [3])	Gesamtausfuhr in Mill. Goldlei [3])
1921	776,1	528,0
1922	444,9	506,8
1923	499,6	629,0
1924	682,9	737,4
1925	758,5	731,4
1926	891,2	917,3
1927	1049,9	1183,9

[1]) Da die belgische und holländische Statistik auf der Importseite alle nach Belgien und Holland eingegangenen Waren und auf der Exportseite alle Waren, die nach dem Auslande gehen, ohne Berücksichtigung ihrer belgisch-holländischen und der ausländischen Provenienz registriert, so ist es nicht möglich festzustellen, welche und wieviel von den importierten Gütern in den beiden Ländern konsumiert oder nach anderen Ländern, insbesondere nach Deutschland, weiter expediert worden sind. Vgl. Le commerce de la Roumanie avec l'Allemagne pendant les années 1908 et 1909. Rapports commerciaux des agents diplomatiques et consulaires de la Roumanie, Bucarest 1911, S. 23.

[2]) Comerțul exterior 1924, Spezialhandel einschließlich unbearbeitetes Gold und Silber. Für 1925/27 vorläufige Zahlen.

[3]) Berechnet auf Grund der New Yorker Notierung des Papierleu, Statistisches Jahrbuch für das Deutsche Reich 1928, S. 170*.

Der *rumänische Außenhandel* der ersten Nachkriegszeit zeigt ein anormales Bild. Bis 1921 wirkt sich das starke Bedürfnis nach ausländischen Waren in Importen von ganz ungewöhnlicher Höhe aus. 1922 fällt die Einfuhr auf $^4/_7$ des Vorjahres und verzeichnet seitdem eine dauernde Aufwärtsbewegung. Der Export ist in den ersten Jahren unverhältnismäßig gering und übertrifft erst 1922 den Import, um 1925 infolge der schwachen Ernte von 1924 vorübergehend wieder unter die Einfuhr zu sinken und 1926 und 1927 ein Plus zu zeigen.

Anteil Deutschlands am Spezialhandel Rumäniens [1]).

	Einfuhr aus Deutschland		Ausfuhr nach Deutschland	
	Mill. Goldlei	% der Ges.-Einfuhr	Mill. Goldlei	% der Ges.-Ausfuhr
1921	69,4	8,9	22,5	4,2
1922	87,4	19,6	29,6	5,8
1923	113,3	22,6	45,7	7,2
1924	131,3	19,2	42,0	5,7
1925	125,8	16,7	62,0	8,4

Anteil Rumäniens am Spezialhandel Deutschlands [2]).

	Einfuhr aus Rumänien		Ausfuhr nach Rumänien [3])	
	Mill. RM.	% der Ges. Einfuhr	Mill. RM.	% der Ges. Ausfuhr
1923	37,1	0,6	91,2	1,5
1924	59,9	0,6	89,4	1,4
1925	93,4	0,7	114,8	1,2
1926	153,8	1,4	135,0	1,3
1927	243,3	1,7	162,3	1,5
1928	188,0	1,3	172,7	1,4

[1]) Commerţul exterior 1924 und Anuarul Statistic 1927, einschließlich unbearbeitetes Gold und Silber. Für 1926 und die folgenden Jahre sind noch keine offiziellen Daten über den Anteil der einzelnen Länder am Außenhandel Rumäniens veröffentlicht worden.

[2]) Spezialhandel mit Gold und Silber, Statistik des Deutschen Reichs, Bd. 330 A IV 10 und Bd. 351, II. Wirtschaft und Statistik, 1929, S. 203 ff. Infolge der Inflation sind vor 1923 keine Wertziffern verfügbar.

[3]) Für 1925 und die folgenden Jahre einschließlich der Reparations-Sachlieferungen. Ohne Reparations-Sachlieferungen belief sich die deutsche Gesamtausfuhr nach Rumänien in Mill. RM. 1925 auf 103,8, 1926 auf 121,3, 1927 auf 147,0 und 1928 auf 162,8. Nach Statistik des

Mit dem Steigen des gesamten Handelsvolumens nehmen auch die absoluten Wertziffern Deutschlands am Außenhandel Rumäniens zu, bei der Einfuhr allerdings nur bis 1924; 1925 geht die Einfuhr aus Deutschland etwas zurück, dagegen steigt die Ausfuhr sehr stark. Die Einfuhr aus Deutschland übertraf nach der deutschen und rumänischen Statistik die Ausfuhr nach Deutschland ganz bedeutend. Der Handel mit Rumänien war für Deutschland von jeher aktiv. Darin trat zum ersten Mal im Jahre 1926 ein Umschwung ein, nachdem Deutschlands Aktivsaldo schon in den vorhergehenden Jahren eine dauernde Verringerung erfahren hatte. Im Jahre 1928 verminderte sich Rumäniens Aktivsaldo, da die Einfuhr aus Rumänien stark zurückging und die deutsche Ausfuhr nach Rumänien weiter zunahm.

Der prozentuale *Anteil Deutschlands am rumänischen Außenhandel* ist seit den Jahren 1919 und 1920, in denen er verschwindend gering war, bis 1923 stetig gewachsen, hat dagegen 1924 nach der Umstellung Deutschlands auf Goldmark und auch 1925 eine nicht unbeträchtliche Einbuße erlitten. Die deutsche Statistik weist bei den rumänischen Importen langsam steigende Prozentziffern und 1926 eine doppelthohe Quote als im Vorjahre auf, die sich 1927 weiter erhöhte, um jedoch im Jahre 1928 ziemlich stark zurückzugehen. Der prozentuale Anteil Rumäniens am deutschen Export hat nach einem Rückgang in den Jahren 1925 und 1926 in den folgenden beiden Jahren seine frühere Höhe wieder erreicht.

In der rumänischen Gesamteinfuhr steht Deutschland seit 1922 wieder an erster Stelle und hat Italien, England und Frankreich, die unmittelbar nach Friedensschluß Rumäniens größte Lieferanten waren, überflügelt, wie aus Tabelle VI[1]) ersichtlich ist. Allerdings zeigen in den letzten Jahren die Anteile der Tschechoslowakei, Italiens, Frankreichs, Österreichs und Englands wieder Zunahmen, die bei der Tschechoslowakei und bis 1924 auch bei Italien ziemlich erheblich sind, 1925 folgten in der rumänischen Einfuhr dem Range nach auf Deutschland: Österreich, die Tschechoslowakei, Italien,

---

Deutschen Reichs, Bd. 351, I, S. 363 ff. und II, S. 74 ff. und Wirtschaft und Statistik, 1929, S. 203 ff.

[1]) Vgl. Statistischen Anhang.

England, Frankreich und Polen. Die USA. haben mit 1,8% ihre Bedeutung von 1919 (14,8%) vollständig verloren. Auch der polnische Anteil an dem Importhandel ist stark zurückgegangen. In der rumänischen Ausfuhr wechselt die Rangstellung der einzelnen Länder sehr stark. Deutschland stand 1922 an 7., 1923 an 5., 1924 an 6. und 1925 wieder an 5. Stelle. In den Jahren 1922—1925 ist der größte Teil der rumänischen Ausfuhrgüter gemäß rumänischer Statistik nach Österreich, Ungarn, der Tschechoslowakei, Belgien, Gibraltar, daneben nach Deutschland, Frankreich, England und Italien versandt worden. Die zuerst genannte Staatengruppe stellt gleichzeitig die wichtigsten Transitländer im Warenverkehr zwischen Rumänien und Deutschland dar, und man darf annehmen, daß sie einen großen Teil der aus Rumänien importierten Güter an Deutschland weiter gesandt haben. So ist Deutschland nicht nur Rumäniens wichtigster Lieferant, sondern auch tatsächlich der bedeutendste Abnehmer rumänischer Erzeugnisse.

Rumänien hat *in Deutschlands Außenhandel* nie eine auch nur annähernd gleichgroße Rolle gespielt. 1924 und 1925 stand Rumänien bei der deutschen Einfuhr hinter dem Saargebiet, Britisch Südafrika, Finnland und vor Norwegen, Jugoslawien, Ungarn an 27. Stelle. 1926 rückte es an die 19. Stelle hinauf, die es auch 1927 behielt. 1928 kam Rumänien an die 24. Stelle und damit nach dem Saargebiet, Brasilien, Britisch Südafrika und vor Britisch Westafrika, Finnland und Norwegen zu stehen. In der deutschen Ausfuhr nahm Rumänien 1924 den 22., 1925 den 21., 1926 den 24., 1927 den 19. und 1928 den 20.[1]) Platz ein hinter Japan, Spanien, Brasilien und vor China, Norwegen und Niederländisch-Indien. Rumänien kommt somit in Deutschlands Handel noch ein bescheidener Posten zu.

2. Deutschland in der Einfuhr Rumäniens.

Wie die Einfuhr Rumäniens überhaupt, so weist auch der Import aus Deutschland eine *weitgehende Differenzierung* und bunte Mannigfaltigkeit auf. *Lebende Tiere* fallen so gut wie ganz weg, und Deutschlands Anteil an Lebensmitteln

---

[1]) Für 1925 und folgende Jahre einschließlich der Reparations-Sachlieferungen.

und Getränken ist ganz geringfügig. Immerhin hält Deutschland unter der Einfuhr von tierischen Lebensmitteln den ersten Platz, der vor allem auf den Lieferungen von Fischen und Fischzubereitungen beruht. (Bei marinierten Heringen beträgt Deutschlands Quote 41%)[1]). Von Zucker und Zuckerwaren kommt fast die Hälfte aus Ungarn und 14% aus der Tschechoslowakei; Deutschland ist nur mit einem geringen Prozentsatz vertreten[2]).

An Rumäniens *Rohstoff- und Halbfabrikateimport* ist Deutschland unbedeutend beteiligt. Steinkohlen und Anthrazit werden zu 70% aus Polen (Oberschlesien), der Rest der Steinkohlen aus der Türkei und England, jener von Anthrazit aus der Tschechoslowakei und Österreich eingeführt, dagegen aus Deutschland nur verschwindend kleine Mengen. Auch die Kokseinfuhr aus Deutschland beträgt nur 8%. Polen sowie England und die Tschechoslowaksei stehen an erster Stelle. Rohgußeisen aus erster Schmelzung stammt zu $^5/_8$ aus der Tschechoslowakei und zu $^3/_8$ aus Deutschland. In Walzeisen deckt Deutschland rund 30% des rumänischen Einfuhrbedarfs, die Tschechoslowakei ist auch bei diesem Produkt der größere und erfolgreichere Konkurrent. Von Rohkupfereinfuhr entfallen auf Deutschland als größten Lieferanten 42%. Der Hauptteil gekrempelter und gekämmter Baumwolle wird aus der Schweiz bezogen, von Deutschland 24%[3]). Deutschland überwiegt beim Import gekrempelter und gekämmter Wolle (32%) und Wollumpen (57%). Auch nichtölhaltige Sämereien liefert vorzüglich Deutschland (32%),

---

[1]) Alle Prozentzahlen verstehen sich für 1924. Es war nicht möglich, eine Analyse des rumänischen Außenhandels für spätere Jahre zu geben, da bis zur Drucklegung der Arbeit von der rumänischen Außenhandelsstatistik (Comerţul exterior al Romăniei şi mişcarea porturilor în ...) als letzter Band nur der Jahrgang 1924 erschienen und zur Verfügung gestellt worden ist.

[2]) Dagegen ist nach der deutschen Statistik die Zuckerausfuhr nach Rumänien ganz erheblich größer.

[3]) Rohbaumwolle wird aus den USA. und Indien vorzüglich über Bremen, daneben über Triest bezogen. (Vgl. Commercial Reports a. a. O. 1926, S. 54.) Die rumänische Statistik weist $^1/_3$ Italien und den Rest Ungarn, Österreich und der Tschechoslowakei zu. Von der Rohwolle kommen 53% über Deutschland.

besonders Rüben- und Gartensamen. Rumänien kauft seine Gerbstoffe in erster Linie in Deutschland (36%).

Abgesehen von wenigen Prozent (nach deutscher Statistik noch nicht 5% gemäß Tabelle III[1]), die sich im wesentlichen auf die bisher genannten Gruppen verteilen, besteht die Einfuhr aus Deutschland ausschließlich aus *Industrieprodukten.* Deutschland ist für *Metallwaren* und Maschinen Rumäniens wichtigstes Bezugsland. Unter allen aus Deutschland importierten Artikeln stehen dem Werte nach an erster (in der rumänischen Gesamteinfuhr überhaupt an 2.) Stelle abgedrehte mit Schraubengewinden usw. versehene Röhren aus gewalztem Eisen, die vor allem in der rumänischen Erdölindustrie Verwendung finden. Deutschland lieferte 11% und wurde nur von Polen (13%) übertroffen. In denselben Röhren poliert, verzinkt usw. dominiert Deutschland mit 70%, ebenso in Stäben, Tafeln und Platten aus Gußstahl. Gröbere Bleche und Platten (nicht unter 2 mm) werden in erster Reihe aus Deutschland, dagegen dünnere sowie verzinnte, verzinkte usw. aus der Tschechoslowakei, England und Belgien eingeführt. Die Tschechoslowakei beherrscht auch in Fassoneisen mit 40% den rumänischen Markt, Deutschland steht mit 23% an zweiter Stelle. In abgeschliffenen, verzinkten usw. Arbeiten und Gegenständen aus gewalztem Eisen ist Deutschland mit 36% und in Schienen mit 45% Hauptlieferant — Belgien folgt mit 37%. Die erste Position hält Deutschland in Bolzen, Schrauben, Nieten usw. mit 55%, Kesselschmiedearbeiten (42%), Fässern und Reservoiren (53%) sowie allen übrigen Behältern, ferner unter scharfer Konkurrenz Englands in Kabeln und Seilen aus Eisendraht nicht über 1½ mm Durchmesser, weiter in Sägen, in Fräsen, Meißeln, Bohrern usw. mit ca. 50%, in Pflügen sowie Eggen. In Kultivatoren wird Deutschland von der Tschechoslowakei und in Pflugscharen von Österreich übertroffen, die auch den größten Teil von landwirtschaftlichen Geräten wie Sensen, Sicheln, Heugabeln und Hauen sowie von Werkzeugen aus Eisen und Stahl liefern. Deutschlands Anteil ist bei fast allen übrigen Erzeugnissen aus Metallen, deren Legierungen und besonders bei Kupfer

[1]) Vgl. Statistischen Anhang, Tabelle III.

maßgebend; die wichtigsten Wettbewerber stellen vor allem Österreich und die Tschechoslowakei, daneben auch England.

55% aller im Jahre 1924 nach Rumänien eingeführten *Maschinen und Apparate* stammten aus Deutschland. Österreich, das nach Deutschland die größte Maschineneinfuhr nach Rumänien aufzuweisen hat, folgt erst in weitem Abstand mit 15%. Im Jahre 1923 stellte sich Deutschlands Anteil sogar auf 62% und hatte damit seit dem Krieg eine Rekordziffer erreicht. Die Stabilisierung der Mark und die Unmöglichkeit der Gewährung langfristiger Kredite hat die Verminderung 1924 verursacht. Da Deutschland tatsächlich bei fast allen Maschinen und Apparaten die weitaus erste Stellung einnimmt, erübrigt es sich für die einzelnen Maschinenwerte, Deutschlands Anteil und den der anderen Staaten anzuführen[1]).

Deutschland ist mit 27% der größte Lieferant von *Fahrzeugen*, sein Anteil stellt sich bei Güterwagen auf 47%, Tankwagen 79%, Fahrrädern 71% und bei Fahrradteilen auf 69%. In tapezierten Personenwaggons dominiert die Tschechoslowakei [2]). In Autos ist Deutschland auf dem rumänischen Markt nicht konkurrenzfähig [3]). Der schwache Absatz deutscher Automobile wird ihren hohen Preisen und dem Umstand zugeschrieben, daß andere Fabrikate technisch im allgemeinen eine bessere und leichtere Federung und außerdem auch eine gefälligere Form haben.

Dem Werte nach an dritter Stelle steht die Einfuhr von *Textilien* aus Deutschland, die in pflanzlichen Textilien von den Importen aus Italien, England, Österreich und Polen überflügelt wird. Diese vier Staaten liefern den größten Teil der Baumwollgarne. Deutschland kommt nur bei Transmissionsriemen aus Bindfaden und Netzen für andere Zwecke als Fischerei führend in Betracht. An maßgebender Stelle steht Deutschland nur bei Baumwollgeweben besserer Qualität

---

[1]) Über die wichtigsten deutschen Ausfuhrwaren nach Rumänien gibt Tabelle IV im statistischen Anhang Aufschluß.

[2]) Ein großer Teil von Personenwaggons wurde von Deutschland auf dem Reparationswege geliefert.

[3]) Von 523 Autos im Gewicht von 1000 kg und mehr kamen 185 aus den USA., 139 aus Frankreich, 58 aus Österreich, 49 aus Deutschland. Von den 571 leichteren Typen zwischen 500 und 1000 kg lieferten die USA. 169, Italien 259, Frankreich 81 und Deutschland nur 8 Stück.

wie Plüsche, Tülle, Band-, Posamentier- und Knopfwaren, gewirkten Stoffen und Waren daraus, Spitzen aus Baumwolle sowie mit 47% bei Baumwollstrümpfen und mit 68% bei Baumwollhandschuhen.

In Erzeugnissen aus Wolle und Haaren hatte 1923 Deutschland nach Polen den zweiten Platz inne, 1924 rückte Österreich, die Tschechoslowakei und Frankreich vor Polen und Deutschland. Von Wollgarnen überwiegt die Einfuhr aus Deutschland nur bei 3- und mehrdrähtigen, die übrigen Garne werden hauptsächlich von den vier genannten Ländern geliefert. Am Import von Geweben und gewirkten Stoffen im Gewichte von weniger als 800 bis zu 600 g auf 1 qm sind die Tschechoslowakei und Deutschland mit ungefähr gleichen Mengen beteiligt. Dagegen ist Deutschlands Quote in den leichteren Qualitäten gering. Deutschland partizipiert maßgebend an der rumänischen Einfuhr von geschorenen Wollteppichen (50%), Wollhandschuhen (48%), Wollstrümpfen (26%), von Filz und Gegenständen daraus, — mit Ausnahme von Hüten, die vorzüglich aus Österreich und Italien kommen — von Gegenständen aus tierischen Haaren wie Besen, Bürsten, Pinseln usw. Von der Seiden- und Seidenwareneinfuhr entfallen auf Österreich 26%, Deutschland 21% und Frankreich 19%. Die wichtigsten Seidenartikel aus Deutschland sind Seidensamt (63%), Seidenstrümpfe, nicht besonders genannte Wirkwaren aus Seide, Seidenbänder, Baumwollbänder mit Seide, Posamenterien aus Seide und Seidenspitze. Der Import von Konfektion verteilt sich auf Österreich (30%), Tschechoslowakei (16%), Deutschland (14%) und Polen (12%).

Deutschland ist führend in Farben und Lacken mit 55%, — von Anilinfarben entfallen 85% auf Deutschland — in chemischen und pharmazeutischen Erzeugnissen (ca. 30%), — in denen Österreich mit 22%, England mit 17% und Frankreich mit 15% konkurrieren —, Glaswaren mit 31%, — Tschechoslowakei mit 30% — Holzwaren 33%, Pelze 55% und Spielwaren 51%. Bei Leder und Lederwaren entfällt der Hauptteil 25% auf Österreich, 23% auf Deutschland und 21% auf Frankreich; bei Papier 50% auf Österreich, 22% auf Deutschland, bei Kautschuck, Guttapercha, vegetabilischen Säften und Waren daraus 32% auf Österreich, 25% auf Frankreich, 18% auf

Deutschland; bei Steinen, Erden und Waren daraus 37% auf die Tschechoslowakei, 24% auf Deutschland, 17% auf Österreich; bei Uhren 42% auf die Schweiz und 38% auf Deutschland.

Nach der *deutschen Statistik* ist Rumänien an den deutschen Ausfuhrwaren dem Werte nach nur mit ganz geringfügigen Quoten beteiligt, die bei den betreffenden Artikeln wenig ins Gewicht fallen. Die Mengen- und Wertziffern sind bei den einzelnen Waren noch stark schwankend und lassen nur bedingt auf eine definitive Entwicklung schließen. Wie in der deutschen Gesamtausfuhr, so stehen auch im Export nach Rumänien [1]) die Eisenwaren an erster Stelle. Ihre Ausfuhr weist mit 31,6 Mill. RM. im Jahre 1928 und 34,8 Mill. RM. im Jahre 1927 gegenüber einer Rekordziffer von 35,7 Mill. RM. im Jahre 1926 einen merklichen Rückgang auf. Immerhin war die Eisenwarenausfuhr im Jahre 1925 mit 26,8 Mill. RM. bedeutend geringer als in den folgenden Jahren. Die Ausfuhr von Textilien, der nächstwichtigsten Warengruppe, ist im Jahre 1928 gegenüber dem Vorjahre auch etwas zurückgegangen, hält sich jedoch weit über den Werten von 1926 und 1925 (1928 28,2 Mill. RM., 1927 29,8 Mill. RM., 1926 24,9 und 1925 24,2 Mill. RM.). Die gleiche Erscheinung ist bei der Ausfuhr von Maschinen (außer elektrischen) festzustellen (25,6 Mill. RM., 27,5, 22,6 und 12,7). Eine stetige und beträchtliche Werterhöhung verzeichnet dagegen der Export von Farben und Chemikalien (12,5 Mill. RM. gegen 11,6, 8,8 und 6,8), von elektrischen Maschinen und elektrotechnischen Erzeugnissen (10,7, 5,4, 5,3 und 3,3), von Waren aus unedlen Metallen (8,4, 6,4, 5,1 und 5,0) und von Papier und Papierwaren (2,3, 1,8, 1,5 und 1,4). Einen Rückgang zeigt in den Jahren 1927 und 1928 die Ausfuhr von Leder und Lederwaren (3,4, 3,9, 4,3 und 3,6). Die angeführten Warengruppen spielen im deutschen Export nach Rumänien die Hauptrolle, ihr Anteil betrug im Jahre 1928 an der Gesamtausfuhr nach Rumänien 71% [2]).

---

[1]) Einschließlich Reparations-Sachlieferungen.

[2]) Berechnet nach Statistik des Deutschen Reichs, Bd. 351, II, S. 74 ff. Monatliche Nachweise über den auswärtigen Handel Deutschlands, Januar 1929, S. 230 ff. Wirtschaft und Statistik, 1929, S. 203 ff.

3. Rumänien in der Einfuhr Deutschlands.

Dem Charakter der rumänischen Ausfuhr und der Struktur der deutschen Einfuhr entsprechend, verteilt sich Rumäniens Anteil am deutschen Import auf eine verhältnismäßig *kleine Anzahl* von fast lauter *lebensnotwendigen Nahrungsmitteln, Futtermitteln, industriellen Rohstoffen und lebenden Tieren.* Den fertigen Waren kommt keine Bedeutung zu [1]).

Deutschlands *wichtigste Einfuhrgüter aus Rumänien* sind in Tabelle V zusammengestellt [2]). Die starke Zunahme der Importe aus Rumänien bis 1927 und ihr auffallender Rückgang im Jahre 1928 sind einerseits auf die außerordentliche Erhöhung der Einfuhr von Futtergetreide und Futtermitteln in den Jahren 1926 und 1927, sowie andrerseits auf die plötzliche Einfuhrabnahme dieser Warengruppen im Jahre 1928 — bedingt durch die schlechte rumänische Ernte von 1927 [3]) — zurückzuführen. So belief sich die Einfuhr von Futtergetreide und Futtermitteln aus Rumänien im Jahre 1928 auf 89 Mill. RM. gegen 154,2 Mill. RM. im Jahre 1927, 76,5 Mill. RM. im Jahre 1926 und 29,2 Mill. RM. im Jahre 1925. Sehr bedeutende Einfuhrzunahmen zeigen die Warengruppen Bau- und Nutzholz (1928 26,3 Mill. RM., 1927 19,9 Mill. RM., 1926 7,9 und 1925 4,4 Mill. RM.), Mineralöle — allerdings mit einem kleinen Rückgang im Jahre 1928 — (21,6 Mill. RM., 22,0, 14,5 und 10,2), Obst (9,0, 4,6, 8,0 und 8,6), Ölfrüchte und Ölsaaten (5,8, 1,7, 1,1 und 0,5). Die Einfuhr von Eiern hielt sich mit rund 13,3 Mill. RM. seit 1926 ziemlich stabil, dagegen hat die Einfuhr von Brotgetreide und Mehl (2,7, 4,8, 5,6 und 0,4) sowie von Fleisch- und Fleischprodukten (1,4, 2,6, 12,2 und 3,1) seit 1926 sehr an Bedeutung verloren. Der Anteil der erwähnten Warengruppen belief sich im Jahre 1928 dem Werte nach auf ca. 90% der deutschen Gesamteinfuhr aus Rumänien [4]).

Führend und mit einem bedeutenderen Prozentsatz ist Rumänien in den Jahren 1925 bis 1927 nur bei ganz wenigen

---

[1]) Vgl. Statistischen Anhang, Tabelle III.
[2]) Vgl. Statistischen Anhang.
[3]) Vgl. Statistischen Anhang, Tabelle I.
[4]) S. Anm. 2 auf S. 82.

deutschen Einfuhrwaren beteiligt, so bei essigsaurem und holzessigsaurem Kalk mit 70% im Jahre 1925 und 51% in den Jahren 1926 und 1927. Essigsaurer und holzessigsaurer Kalk sowie Holzgeist sind die einzigen wichtigen Fertigfabrikatimporte aus Rumänien. In den Jahren 1925—1927 betrug Rumäniens Anteil bei der deutschen Einfuhr von Hirse 42%, 20%[1]) und 30% sowie bei der Einfuhr von Wallnüssen 36%, 59% und 22%[2]). Während im Jahre 1925 Rumänien mit 17% Deutschlands Hauptlieferant von Schlachtochsen war, hatten in den folgenden Jahren Dänemark, Österreich und Argentinien den Hauptanteil an der deutschen Schlachtvieheinfuhr; die rumänischen Lieferungen von Schlachtvieh sind dagegen für Deutschland bedeutungslos geworden. Rumäniens Anteile an der deutschen Getreide- und Mehleinfuhr waren verhältnismäßig sehr gering, weisen jedoch bis 1928 eine nicht unerhebliche Steigerung auf. Bei Mais betrugen sie in den Jahren 1925—1927 13%, 18% und 15%, bei Futtergerste 6%, 20% und 26%, bei anderer Gerste 9%, 7% und 11%. Deutschlands wichtigste Bezugsländer für Getreide sind in Weizen, Weizenmehl und Hafer die USA., in Gerste Rußland und in Mais Argentinien. Vom Ölkuchen- und Ölkuchenmehlimport entfielen in den Jahren 1925—1927 auf Rumänien nur 7%. Der Schweineimport aus Rumänien betrug 1925 8%, um in den folgenden Jahren jede Bedeutung zu verlieren; das Memelland, Dänemark und Frankreich, die einen beträchtlichen Frachtvorsprung haben, halten die ersten Stellen. Von Schweinefleisch liefern die größten Mengen die Niederlande, Westpolen, Dänemark und Ungarn, Rumänien dagegen nur sehr geringe Quanten[3]). Von der Hühnereinfuhr entfielen im Jahre 1925 nur 11% und in den folgenden beiden Jahren nur ca. 7% auf Rumänien, der Hauptteil auf die Niederlande, Ungarn und Italien, die zusammen mit Rußland und Polen auch im Eierimport führen; Rumäniens Anteil an der deutschen Eiereinfuhr betrug

---

[1]) 1926 lieferte Rußland 73% des deutschen Hirseimportes.

[2]) 1927 war Frankreich mit über 50% an der deutschen Wallnußeinfuhr beteiligt.

[3]) Der deutsch-polnische Zollkrieg ist der rumänischen Schweinefleischausfuhr nach Deutschland zeitweilig sehr zustatten gekommen.

kaum 5%. Im deutschen Obstimport dominieren die Niederlande, die USA. und Italien. Rumäniens Beteiligung an der Äpfeleinfuhr betrug 1925 nur 6%, 1926 3% und 1927 2%. In getrockneten Zwetschen, von denen Rumänien große Mengen ausführen könnte [1]), decken den deutschen Bedarf überwiegend die USA. und Jugoslawien. Wein wird aus Rumänien so gut wie gar nicht importiert.

Die *Absatzfähigkeit* der rumänischen landwirtschaftlichen Produkte wie Getreide, Obst, Wein und auch Vieh wird stark beeinträchtigt durch das Fehlen von genau festgesetzten Typen und Sorten, mit denen ein bestimmter Qualitätsbegriff verbunden ist. Hebung der Qualität und Standardisierung der Erzeugnisse sind nötig, um die in Deutschland und im übrigen Ausland verlangten einheitlichen homogenen und sich gleichbleibenden Produkte liefern zu können [2]).

Mit Bau- und Nutzholz wird Deutschland hauptsächlich von der Tschechoslowakei, Polen, Finnland, Schweden und den USA. versehen, Rumänien dagegen lieferte bis 1927 nur wenig über 1% der deutschen Bau- und Nutzholzeinfuhr; 1927 erhöhte sich Rumäniens Anteil auf 4%. Im deutschen Bezug von Schwerbenzin und Putzöl hatte Rumänien 1925—1927 mit 21%, 29% und 31% eine bedeutende Stellung; 1927 lieferten Rußland und die USA. je 19% und Britisch-Indien 11%. Bei der Einfuhr von Schmierölen im Jahre 1927 betrug die Quote der USA. über 50%, bei Gasöl sogar 67%, bei Rohbenzin über 58% und bei Benzin, Gasolin u. a. leichten gereinigten Mineralölen 56%. Rumäniens Anteil an der letzten Gruppe belief sich 1927 auf 15%, bei den übrigen ist er unbedeutend, jedoch im Steigen begriffen. Die rumänischen Erdöl-

---

[1]) Große Mengen von Pflaumen, die nicht sofort verwertet werden können, gehen einfach zugrunde, da es an Darren fehlt und der Transport zu teuer kommt. Alioth in Neamul Romănesc v. 24. 10. 25.

[2]) 1928 ist auf Grund des Standardisierungsgesetzes für Weizen, Hafer, Gerste und Roggen ungefähr nach nordamerikanischem Vorbild ein System der Klassifizierung und Einlagerung verbunden mit der Ausstellung von Warrants eingeführt worden. Danach darf künftighin nur standardisiertes Getreide exportiert werden. Die technischen und Kapitalschwierigkeiten zur Durchführung des Gesetzes sind in Rumänien jedoch noch so groß, daß in den nächsten Jahren auf keinen großen Erfolg der neuen Maßnahmen zu rechnen ist.

derivate konnten wegen ihres hohen Preises und wegen ihrer vielfach minderen Qualität mit den fremden, insbesondere amerikanischen Erdölprodukten auf dem deutschen Markt nur in sehr beschränktem Maße konkurrieren.

Es ist schon darauf hingewiesen worden[1]), daß die *rumänische Statistik* über die tatsächliche Ausfuhr nach Deutschland und ihre Bedeutung im Rahmen des rumänischen Exportes keinen genügenden Aufschluß gibt. So erscheint Deutschland als Abnehmer von Zerealien nur an ganz unbedeutender Stelle. Nach rumänischer Statistik nimmt Deutschland als wichtigster Abnehmer 1924 die erste Stelle ein bei: Hirse (18%), Linsen (30%), Sonnenblumensamen (36%), Anis (60%), Wacholderbeeren (100%), Spirituosen aus Früchten usw. (70%), Dörrobst mit Ausnahme von Dörrpflaumen (30%), Ölkuchen (29%), Eiern (64%), Hühnern (86%), Pelzen von Bären, Wölfen, Dachs, Fuchs usw. (38%), Tischlerarbeiten (67%). Der größte Teil des rumänischen Benzins wird nach Österreich und Deutschland exportiert, raffiniertes Petroleum nach Ägypten, England, Ungarn, Jugoslawien; Mineralöle nach denselben Ländern und Belgien; Karbolineum und Vaselin nach Deutschland. Die wichtigsten Abnehmer von rumänischem Holz sind Ungarn, Österreich, die Tschechoslowakei, Polen; von Tannenbrettern und Bauholz Griechenland und Ungarn. Rumänisches Vieh und frisches Rindfleisch wird vorzüglich nach Österreich und der Tschechoslowakei, Schweinefleisch auch nach Deutschland ausgeführt. Vom Obstexport entfällt der größte Teil auf Ungarn (Äpfel), die Tschechoslowakei (Äpfel) und Polen (Tafeltrauben sowie Dörrpflaumen), an der rumänischen Ausfuhr von Nüssen ist Deutschland nach diesen Ländern nur mit 11% beteiligt. Rumänischer Wein geht vor allem nach Ungarn und Österreich, nach Deutschland 16%.

---

[1]) Vgl. den Anfang dieses Abschnittes.

VI. Das Kapital.

Die rumänische Volkswirtschaft bedarf bei fortschreitender Produktion und Entwicklung eines dauernden Kapitalzuflusses. Rumäniens Kapitalbedürfnisse zu befriedigen, sind die großen Industriestaaten in der Lage, die auf Grund ihrer ökonomischen Struktur typische Gläubigerstaaten sind. In ihnen wird durch die gelernte Arbeiterschaft, die weitestgehend spezialisierte und Kosten sparende Massenproduktion, die hochentwickelte Bank- und Kreditorganisation, den leistungsfähigen und exakt funktionierenden Verkehrsapparat und schließlich durch den eigenen großen Absatzmarkt die Kapitalbildung kräftig gefördert. Die Industrieländer sind, wie wir bei Deutschland sahen, zwecks Bezahlung ihrer Rohstoff- und Nahrungsmitteleinfuhr auf die Ausfuhr von Fertigfabrikaten angewiesen, unter denen die produzierten Produktionsmittel eine hervorragende Stellung einnehmen. Die jungen Volkswirtschaften, meist Nahrungsmittel- und Rohstoffexportstaaten, brauchen Produktionsmittel zur Erschließung ihrer natürlichen Produktionsgrundlagen. Sie sind in der Regel nicht in der Lage, ihre Einfuhr durch eine entsprechende Ausfuhr sofort zu bezahlen. Der exportierende Industriestaat hingegen verfügt meistens über die Mittel, welche ihm die Überwindung der zwischen dem Beginn der Investierung der Kapitalien und ihrer Amortisation liegenden Zeitspanne gestatten. Er wird durch Kreditgewährung in Form von Anleihen dem Importland den Bezug der benötigten Produktionsmittel ermöglichen, dadurch die Wirtschaft des Schuldnerlandes kräftigen und für seine Ausfuhrartikel auch später aufnahmefähiger machen.

Hand in Hand mit der Anleihegewährung bzw. daneben und auch für sich allein laufen zahlreiche Fäden der Kapitalbeziehungen zwischen Banken und Unternehmungen der einzelnen Länder. Hohe Zinsen und erhöhte Gewinnaussichten — bei allerdings gleichzeitig erhöhtem Risiko — bilden die privatwirtschaftlichen Motive für Kapitalanlagen in schnell vorwärts strebenden jungen Volkswirtschaften. Die Banken gehen meist den übrigen Unternehmungen voraus und bilden ihre kräftigste Stütze. Die mit ausländischem Kapital gegründeten Unternehmungen, die ihr kaufmännisches und technisches Personal vielfach mitbringen, sind oft die Schrittmacher für die Waren ihres Stammlandes und stellen in der Regel die besten und sichersten Abnehmer dieser dar. Sie sind darum für die Volkswirtschaft des betreffenden Kapitalexportlandes von überragender Bedeutung.

Die wirtschaftliche Kraft des Landes, in das ausländisches Kapital einströmt, und in dem ausländische Unternehmungen errichtet werden, erfährt durch die Erschließung und Verwertung der inländischen Rohstoffe, der Verwendung und Erziehung der inländischen Arbeiterschaft, der Benutzung und den weiteren Ausbau der Transportwege und -einrichtungen eine gewaltige Steigerung. Trotz mehr oder wenig hoher Zinsen- und Dividendenbeträge, die an den Gläubigerstaat zu zahlen sind, kann sich die Zahlungsbilanz des Schuldnerstaates bei gestiegener Produktivität der Wirtschaft somit aktiv gestalten und die Prosperität der betreffenden Volkswirtschaft eine kräftige reale Förderung erfahren.

1. Die rechtlichen Voraussetzungen für ausländische Kapitalanlagen in Rumänien.

Die hohen rumänischen Zollsätze sind offenbar auch bestimmt, auf die ausländische Industrie einen großen Anreiz zur Errichtung von Tochtergesellschaften, Filialen und eigenen Unternehmungen in Rumänien auszuüben. In der Tat wird es sich für viele ausländische Industriezweige bedeutend vorteilhafter stellen, ihre Produkte in Rumänien selber zu erzeugen und damit am hohen Zollschutz der rumänischen Industrie teilzunehmen, als ihre Erzeugnisse nach Rumänien zu exportieren, wobei die Konkurrenzfähigkeit und der Absatz derselben durch die prohibitiven Zollsätze auf dem rumänischen Markt in Frage gestellt sind.

Von der größten Bedeutung für die Anlage ausländischen Kapitals in der rumänischen Volkswirtschaft sind die im Jahre 1924 geschaffenen Berg-, Kommerzialisierungs-, Energie- und Wasserregimegesetze, von denen das Berg- und das Kommerzialisierungsgesetz im Jahre 1929 revidiert wurden. Sie alle weisen die Tendenz der *Nationalisierung und Beschränkung der freien Betätigung ausländischen Kapitals* in den wichtigsten Industriezweigen des Landes auf. Am schärfsten ausgeprägt war das Bestreben, die ganz oder vorwiegend mit ausländischem Kapital arbeitenden Gesellschaften unter rumänische Kontrolle zu bringen und jeder weiteren Überfremdung in der Wirtschaft des Landes vorzubeugen, im Berggesetz.

Schon im Artikel 19 der neuen rumänischen Verfassung vom Jahre 1923 heißt es: „Die Bergwerkslager sowie Bodenschätze jeder Art sind Eigentum des Staates". Artikel 32 und 33 des *Berggesetzes* bestimmten eingehend die Nationalisierung der Bergwerke[1]). Danach wurden Konzessionen zur Ausbeutung der Bodenschätze nur rumänischen Bergbau-Aktiengesellschaften erteilt. Die Aktien dieser Gesellschaften mußten Namensaktien sein und durften nur mit Bewilligung des Aufsichtsrates an Ausländer übertragen werden. Der rumänische Anteil mußte wenigstens 60% des Aktienkapitals, bei schon bestehenden Unternehmungen nicht weniger als 55% betragen. Der Präsident des Verwaltungsrates und $^2/_3$ des Verwaltungsrates, der Direktoren und Zensoren, sowie 75% jeder Kategorie des beschäftigten Personals mußten rumänische Staatsbürger sein. Den bestehenden ausländischen Gesellschaften wurde eine Frist von 10 Jahren gewährt, innerhalb der sie sich in nationalisierte rumänische Gesellschaften nach obigen Grundsätzen umwandeln konnten.

Den gleichen Bestimmungen unterlagen alle Unternehmungen, an die auf Grund der übrigen Gesetze Konzessionen verliehen wurden. So die Konzessionen zur Durchführung von Flußregulierungs- und ähnlichen Arbeiten nach dem *Wasserregimegesetz*, zur Errichtung von Wasser- und Wärmekraftanlagen sowie zur Ausnutzung des Erdgases

---

[1]) Zur Revision des Berggesetzes vgl. unten S. 92.

gemäß dem *Energiegesetz.* Das *Kommerzialisierungsgesetz* sieht die Neuorganisierung der staatlichen Betriebe und die Ausbeutung der staatlichen Besitzungen nach kaufmännischen Grundsätzen unter Beteiligung des Privatkapitals vor. Es handelt sich dabei vor allem um staatliche Bergwerke, Metallwerke und Werkstätten, soweit sie nicht Staatsmonopol sind oder der Landesverteidigung dienen, um die staatliche Fluß- und Seeschiffahrt, staatliche Forsten, Fischereien, Kraftquellen und alle anderen Rechte des Staates. Ausländisches Kapital konnte sich auch an diesen Unternehmungen unter den im Berggesetz festgelegten Bedingungen beteiligen [1]).

Unmittelbar betroffen wurde das in Rumänien angelegte Kapital in erster Linie durch das Berggesetz, dessen Bestimmungen in der rumänischen und ausländischen Presse Gegenstand lebhafter Erörterungen gewesen sind und Großbritannien, sowie die USA. zu einem Einspruch bei der rumänischen Regierung veranlaßt haben.

Durch das Berggesetz wurden die wohlerworbenen Rechte der Gesellschaften zwar nicht geschädigt, da die verliehenen Konzessionen erst mit ihrem Ablauf spätestens aber 50 Jahre nach Veröffentlichung der Verfassung ihre Geltung verlieren, jedoch erhielten die Gesellschaften, die sich nicht nationalisierten, keine Konzessionen mehr und hätten nach Erschöpfung ihrer jetzigen Quellen keine weitere Betätigungsmöglichkeit in Rumänien gehabt. Unter diesen Umständen hätten die ausländischen Gesellschaften keine Schürfarbeiten zur Feststellung von Erdölvorkommen vorgenommen. Die Explorationen lagen fast ausschließlich in fremder Hand, da sie einen sehr großen Kapitalaufwand bei einem ganz erheblichen Risiko erfordern. Ob die rumänischen Gesellschaften in der Lage gewesen wären, sich diesen Arbeiten zu widmen, die für die weitere Gestaltung der gesamten Erdölproduktion und Petroleumindustrie Rumäniens von hervorragender Bedeutung sind, erscheint zumindest sehr fraglich und kann bezweifelt werden.

Das größte *Hindernis* für die *Nationalisierung* bildete der *chronische Kapitalmangel Rumäniens.* Es fehlten einfach dem Land die nötigen Mittel, um sich an dem Aktienkapital der

---

[1]) Zur Revision des Kommerzialisierungsgesetzes vgl. unten S. 92f.

bestehenden ausländischen Gesellschaften mit 60% zu beteiligen. Das gesamte in der rumänischen Erdölindustrie investierte und effektenkapitalistisch organisierte Kapital beträgt nahezu 1 Milliarde Goldlei [1]), von der sich der überwiegende Teil in ausländischem Besitz befindet. Selbst wenn sich die Ausländer dazu verstanden hätten, den größeren Teil ihrer Aktien herauszugeben und damit ihre Vormachtstellung in den betreffenden Gesellschaften zu opfern, womit hätte man sie denn erwerben wollen? Es würde sich doch dabei um mehrere 100 Millionen Goldlei gehandelt haben, die in den kommenden Jahren durch einen entsprechenden Mehrexport an wirtschaftlichen Gütern hätten bezahlt werden müssen. Bei der von den Naturverhältnissen (Ernte) abhängigen labilen Handelsbilanz und den gewaltigen Lasten, die Rumänien zur Tilgung seiner überwiegend unproduktiven Schulden tragen muß, erscheint es unwahrscheinlich, daß die rumänische Volkswirtschaft so große Kapitalsummen, wie sie die Nationalisierung der Erdölindustrie verlangt, aus eigener Kraft in den nächsten Jahren hätte aufbringen können. Dasselbe gilt für die Kapitalien, die zur Errichtung und den Ausbau der von den übrigen Wirtschaftsgesetzen betroffenen Industriezweige und Unternehmungen erforderlich sind. Hierher gehören vor allem auch die Elektrifizierung des Landes, das gesamte Verkehrswesen, insbesondere die Wasserstraßenregulierungen, die Reorganisation und der Ausbau der Eisenbahnen.

Rumänien hat sehr große Kapitalmassen nötig und kann das ausländische Kapital — wozu auch das technische und ökonomische Erfahrungskapital zu rechnen ist — besonders in den Industrien mit betont stehendem Kapital und großem Risiko nicht entbehren. In gewissem Ausmaß wird man stets auch ohne ausländische Hilfe auskommen und nach dem Grundsatz „prin noi însine — durch eigene Kraft“ die Entwicklung des Landes irgendwie durchführen können, es läuft schließlich auf eine Zeit- und Kostenfrage hinaus. Daß die Allgemeinheit und die Volkswirtschaft als Ganzes geschädigt würden und die Opfer einer solchen Wirtschaftspolitik tragen müßten, liegt auf der Hand.

---

[1]) Vgl. unten S. 101 f.

Das dem Berggesetz und den übrigen Wirtschaftsgesetzen zugrunde liegende Ideal der „Verwertung rumänischer Energie, rumänischer Initiative und rumänischen Kapitals" ist an sich nicht nur verständlich, sondern auch durchweg anzuerkennen; seine Verwirklichung jedoch wäre zur Zeit verfrüht und nur auf Kosten des Gedeihens der Gesamtwirtschaft möglich. Sentiments gehören schon an und für sich nicht in die Wirtschaft, am wenigsten aber dann, wenn man sie sich nicht leisten kann. Die ausländischen Kapitalisten würden ihr Kapital kaum in Unternehmungen investieren, in denen ihnen weder ein Kontroll- noch Leitungsrecht zusteht, besonders wenn es sich noch um eine junge und auf fast allen Gebieten erst in der Entwicklung begriffenen Volkswirtschaft handelt, in der das Risiko der Kapitalanlage größer ist wie in den älteren ausgereifteren Volkswirtschaften.

Es muß im Interesse des Landes das Bestreben einer sachlichen Wirtschaftspolitik sein, durch entsprechendes Entgegenkommen, vor allem durch liberalere gesetzliche Bestimmungen, das schon in der rumänischen Wirtschaft arbeitende ausländische Kapital dieser zu erhalten und weiteres zur Anlage und zur Stärkung der ökonomischen Kräfte des Landes zu veranlassen. Mit der dann beschleunigten wirtschaftlichen und kulturellen Entwicklung Rumäniens werden die ausländischen Unternehmungen von selber aufgesogen und nationalisiert.

Diesen Weg scheint, nachdem die bisherige Wirtschaftspolitik Schiffbruch erlitten hat, die national-zaranistische Regierung gehen zu wollen. Sie hat dem ausländischen Kapital die gleiche Behandlung wie dem rumänischen Kapital zugesagt und eine Revision des Berggesetzes durchgeführt. Als Grundlage des revidierten Minengesetzes gelten: Gleichstellung des ausländischen und rumänischen Kapitals, freie Übertragbarkeit der Aktien durch Umformung der Namens- in Inhaberaktien, außerdem Konzentration der Verantwortlichkeit in Minenangelegenheit beim Minister und Aufhebung des Polizeisystems in der Erdölindustrie.

Das Kommerzialisierungsgesetz ist unter anderem dahingehend umgeändert worden, daß bei den Konzessionen in Zukunft nicht mehr nach der Herkunft des Kapitals gefragt wird. Es müssen lediglich binnen sieben Jahren die Mehrheit des Direktionspersonals und der Arbeiter Rumänen sein.

Damit wäre eine geeignete Grundlage zu einem gedeihlichen Zusammenarbeiten mit dem ausländischen Kapital geschaffen. —

2. Die Beteiligung des ausländischen Kapitals an der rumänischen Wirtschaft.

Der Anteil der einzelnen Länder an der *öffentlichen Schuld* Rumäniens läßt sich wegen der während des Krieges erfolgten Besitzverschiebungen und der teilweise noch nicht erfolgten Schuldenregulierung nicht genau feststellen. Von der in fremder Währung zahlbaren konsolidierten Schuld entfallen auf die abgestempelten *Vorkriegsanleihen* [1]) £ 249 780, Lire 3 800 000, fr. Frs. 380 Mill., belg. Frs. 109 Mill. [2]).

Während die Kupons der in Frankreich emittierten Anleihen, deren Besitzer französische Staatsbürger waren, schon im Jahre 1921 honoriert wurden, ist der Zinsendienst der übrigen inneren und äußeren Schuld Rumäniens erst 1923 und 1924 in franz. Francs aufgenommen worden, wobei auch die Kuponrückstände bis 1. 4. 1922 beglichen wurden.

Auf Grund eines im Mai 1928 von der rumänischen Regierung mit den Vertretern der belgischen, französischen und schweizerischen Anleihebesitzer abgeschlossenen Abkommens, das analog auch für die italienischen und holländischen Besitzer rumänischer Renten gilt, ist der Anleihedienst für die abgestempelten Titel der 4%igen Anleihe in Pfund Sterling in vollem Umfang am 1. 10. 1928 aufgenommen worden. Die Bedienung der übrigen abgestempelten Anleihen findet ab 1. 1. 1929 in Gold statt und zwar zunächst mit 40%, die innerhalb von 22 Jahren auf 100% ansteigen.

Der in deutschen Händen sich befindende Anteil an den gesamten rumänischen Vorkriegsanleihen — auf deutscher

---

[1]) Gemäß Bestimmungen des Versailler Vertrages wurden die Titres der inneren und äußeren Vorkriegsanleihen, soweit sie vor dem 4. 8. 1914 im Besitz alliierter oder vor dem 14. 8. 1916 in den Händen rumänischer oder ehemals neutraler Staatsangehöriger gewesen waren, vom 15. 4. bis 15. 6. 1922 zur Abstempelung aufgerufen.

[2]) Nach der Budgetaufstellung v. 1. 1. 1928.

Seite auf 370 bis 450 Mill. Lei geschätzt — ist von Rumänien zunächst nicht anerkannt worden. Erst in dem später zu besprechenden deutsch-rumänischen Abkommen vom November 1928 verpflichtete sich die rumänische Regierung zur Wiederaufnahme des Zinsendienstes dieser Renten [1]).

Während des Krieges nahm Rumänien bei seinen Bundesgenossen erhebliche Schulden auf, die erst in den Jahren 1925—1928 durch spezielle Abkommen mit den einzelnen Gläubigerstaaten geregelt wurden, wobei Rumänien sehr lange Tilgungsfristen erhielt. Die *Kriegsschuld* an England von £ 31 250 000 ist innerhalb der Jahre 1926 bis 1987 bei einem Tilgungszinsfuß von $3^1/_2$% abzutragen. Die gleiche Tilgungsfrist hat die rumänisch-nordamerikanische Kriegsschuld von $ 44 590 000, die zu 3% verzinst wird. Das mit Italien abgeschlossene Kriegsschulden-Fundierungsabkommen ist für Rumänien am günstigsten. Die Schuldsumme wurde mit 120 Mill. Lire bei einem durchschnittlichen Zinsfuß von 1,5% festgsetzt. Die Tilgungsfrist umfaßt die Jahre 1926 bis 1976. Mit Frankreich einigte sich Rumänien auf einen Endbetrag von 185 Mill. Goldfrs., der zu 5% verzinst in der Zeit von 1928—1989 getilgt wird.

Aus der Übernahme eines Teiles der früheren österreich-ungarischen Staatsschuld erwuchsen Rumänien auf Grund des Vertrages von Innsbruck Verpflichtungen in Höhe von $ 22 204 289 und £ 2 272 451, zu denen noch $ 3 746 932 für die bei Einverleibung der neuen Gebiete auf Rumänien fallenden Eisenbahnlinien der österreich-ungarischen Staatseisenbahngesellschaft kommen.

Nach dem Kriege war Rumänien gezwungen, *Schatzanweisungen* in verschiedenen Valuten zu emittieren und eine große Anzahl kurzfristiger *Vertragsschulden* abzuschließen. Ein großer Teil der Schatzanweisungen und ein Teil der Vertragsschulden ist mit Hilfe der beiden 1922 in England aufgenommenen *langfristigen Anleihen* von 35 Mill. Pfund Sterling und 2,5 Mill. Pfund Sterling in einem Gesamtbetrag von £ 29 920 000 mit 4% Verzinsung konsolidiert worden.

Von Italien erhielt Rumänien im Jahre 1925 eine 6%ige

---

[1]) Vgl. unten VI 3, S. 106.

Konsolidierungsanleihe in Höhe von Lire 41 145 000 und im Jahre 1926 eine 7%ige Anleihe von 200 Mill. Lire, die im wesentlichen zur Bezahlung von an Rumänien gelieferten italienischen Unterseebooten verwendet wurden. Im Juni 1928 nahm Rumänien, gedrängt durch seine schwierige Finanzlage bei der Mailänder „Banca Commerciale Italiana" einen kurzfristigen Kredit im Betrage von 12 Mill. Dollar mit einem Zinsfuß von 7¾% auf, von dem 3 Mill. Dollar dem Finanzministerium für verschiedene Schatzbedürfnisse zur Verfügung gestellt wurden [1]).

Da die bisher behandelten rumänischen Kriegs- und Nachkriegsanleihen im wesentlichen für militärische Zwecke und die Ordnung des inneren und äußeren Schuldendienstes Verwendung fanden, waren sie für die Volkswirtschaft selber sehr wenig förderlich. Die wachsenden Annuitäten gestatteten keine Bereitstellung von Mitteln für die Stabilisierung der Währung und den Aufbau der rumänischen Wirtschaft. Darum war es das Bestreben der rumänischen Regierung, für diese Zwecke eine große Anleihe im Ausland aufzunehmen.

Die mit einem Konsortium französischer, nordamerikanischer und englischer Banken (Banque de Paris et des Pays Bas, The Chase National Bank of the City of New York, Blair & Co., Dillon Read & Co., Hambros Bank Ltd. und Lazard Brothers & Co.) in Paris geführten langwierigen Anleiheverhandlungen sind im Februar 1929 zum Abschluß gelangt. Die Höhe der *7%igen „Stabilisierungs- und Aufbauanleihe 1929"* beläuft sich auf 69 Mill. $, 2 Mill. £ und 561 638 000 fr. Frs., insgesamt somit auf etwa 101 Mill. $. Davon übernahm die Svenska Tändsticks Aktiebolaget, Stockholm, einen Teilbetrag von 30 Mill. $ zu pari, wofür sie das Zündholzmonopol in Rumänien erhielt. Der übrige Teil ist von einzelnen nationalen Bankkonsortien zur Unterbringung in folgenden Ländern übernommen worden: Frankreich 561 638 000 fr. Frs., England 2 Mill. £, die USA. 12 Mill. $ (davon 2 Mill. $ für den Verkauf an Schweden), Italien 8 Mill. $, Deutschland 5 Mill. $ (unter Leitung der Direction der Disconto-Gesellschaft), Schweiz

---

[1]) Infolge der schwierigen Lage der rumänischen Finanzen ist die Zahlungsfrist inzwischen um drei Monate verlängert worden.

4 Mill. $, Holland und Belgien je 3 Mill. $, Rumänien 2 Mill. $, Österreich und Tschechoslovakei je 1 Mill. $.

Die Bedingungen der Anleihe sind nicht leicht: Rückzahlungstermin ist 1. Februar 1959, es ergibt sich somit eine Realverzinsung von ca. 8%. Der Emissionskurs war in den einzelnen Ländern verschieden und lag zwischen 88 und 92%. Der Nettoertrag belief sich auf ungefähr 90 Mill. $.

Der rumänische Staat garantiert bedingungslos die Amortisation und Zinszahlung der Anleihe. Die Obligationen stellen eine direkte Verpflichtung der am 7. 2. 1929 durch Gesetz gegründeten „*Casa Autonomă a Monopolurilor Regatului Românie*i" dar. Der rumänische Staat hat der Autonomen Monopolkasse bis zur vollständigen Rückzahlung der Anleihe das ausschließliche Ausbeutungsrecht aller rumänischen Monopole (mit Ausnahme des Zündholzmonopols) übertragen. Die Obligationen sind durch ein direktes erstklassiges Pfandrecht auf die Bruttoeinnahmen aus Monopolen und alle anderen Einnahmen des Instituts, und zwar unter Einschluß der Zahlungen der Svenska Tändsticks Aktiebolaget, gesichert.

Die Autonome Monopolkasse hat mit der Svenska Tändsticks Aktiebolaget einen Vertrag geschlossen, wonach eine vom schwedischen Trust und der rumänischen Regierung zu gründende Gesellschaft 30 Jahre lang vom 1. Juli 1929 ab das Zündholz-Monopol betreiben wird und durch welchen sich die Svenska Tändsticks Aktiebolaget verpflichtet hat, der Autonomen Monopolkasse eine jährliche Abgabe im Gegenwert von mindestens 3 Mill. $ zu zahlen.

Der *Ertrag der Anleihe* soll ausschließlich zur Stabilisierung der Währung und zur wirtschaftlichen Entwicklung des Landes verwendet werden. Die gesamten aus der Anleihe eingehenden Devisen sind bei der Rumänischen Nationalbank hinterlegt worden. Für die einzelnen Zwecke sind folgende Beträge vorgesehen worden: 1. zur Durchführung der Stabilisierung 25 Mill. $; 2. zur Schaffung von Betriebskapital und zur Abzahlung der schwebenden Schulden des Schatzamtes 11 Mill. $ und 3. für Betriebskapital und Schuldentilgung der staatlichen Eisenbahnen 9 Mill. $. 4. Zum Ausbau und zur Verbesserung des Netzes der staatlichen Eisenbahnen 35 Mill. $ und 5. für andere produktive öffentliche Arbeiten

10 Mill. $. Dies umfangreiche Programm soll innerhalb von 3 Jahren durchgeführt werden.

Die Regierung ging zunächst an die Verwirklichung des mit internationalen Sachverständigen unter Mitwirkung der Rumänischen Nationalbank ausgearbeiteten und zum Gesetz erhobenen Stabilisierungsplanes. Der Goldwert des Leu wurde mit 10 Milligramm Gold $^{9}/_{10}$ fein festgesetzt und entspricht somit einem Dollarkurs von 167,18 Lei, bzw. einem Pfundkurs von 813,58 Lei. Dieser Kurs ist seit Mitte 1927, abgesehen von kleinen Schwankungen, vorherrschend gewesen und seine Festsetzung hat darum im Lande keine Unruhe ausgelöst.

Die *Nationalbank*, die nach dem Vorbild einer modernen Emissionsbank *reorganisiert* [1]) und von politischem Einfluß [2]) befreit worden ist, behält auch weiterhin das alleinige Recht der Notenausgabe und ist zur Einlösung der Banknoten unter gewissen Einschränkungen verpflichtet. Sie muß eine Mindestreserve von 35% in Gold oder Goldwährung gegen ihre täglichen Verpflichtungen halten; mindestens $^{5}/_{7}$ dieser Reserve müssen in Gold in der Kasse oder frei im Ausland deponiert sein.

Die Liquidität der Nationalbank wird durch die ihr zur Verfügung gestellten 25 Mill. $ gesichert. Die Staatsschuld bei der Nationalbank von 11 Mia. Lei ist bis auf eine konsolidierte Schuld von 4 Mia. Lei getilgt worden. Die langfristigen Wechsel werden aus dem Portefeuille der Bank entfernt, und die den Volksbanken, Genossenschaften sowie dem Credit Industrial vorgestreckten Mittel erhält die Nationalbank zurück.

Als technischen Berater hat die Nationalbank für die Durchführung des Stabilisierungsplanes den bekannten französischen Nationalökonomen und Mitglied des Dawes-Transfer-

---

[1]) Das Aktienkapital der Nationalbank ist von 100 Mill. Lei durch Entnahme von 500 Mill. Lei aus dem Reservefonds auf 600 Mill. Lei erhöht worden.

[2]) Künftighin dürfen der Staat und die öffentlichen Körperschaften nicht mehr als 10% des Aktienkapitals der Nationalbank besitzen. Die Regierung ernennt lediglich den Gouverneur und je drei Verwaltungs- und Aufsichtsratsmitglieder.

Komitees, M. Charles Rist ernannt, der in den nächsten drei Jahren dem Aufsichtsrat der Nationalbank zur Seite stehen wird.

Der Abschluß der *Anleihe bedeutet* für das rumänische Wirtschaftsleben *das Anbrechen einer neuen Zeit*, da nun die Kapitalmittel vorhanden sind, die Rumänien zur Sanierung seiner Volskwirtschaft dringend braucht. Die Folge der Stabilisierung wird ein Nachlassen der ungeheuren Geldknappheit sein, und die Wirtschaft des Landes wird wieder die nötigen Investitions- und Betriebsmittel zu normalerem Zinsfuß erhalten. Außerdem aber ist dem rumänischen Staat endlich die Möglichkeit gegeben, seine bei den Privatunternehmungen für Staatslieferungen gemachten Schulden in Höhe von ca. 5 Milliarden Lei zu bezahlen und damit der Privatwirtschaft die ihr so lange zwangsweise entzogenen Mittel zurückzuerstatten.

Die Nationalbank ist durch ihre Reorganisierung in die Lage gesetzt, regulierend in das Wirtschaftsleben einzugreifen und die Aufgaben einer modernen Emissionsbank zu erfüllen. Mit dem Ausbau und der Verbesserung der rumänischen Verkehrswege und -Mittel werden endlich die schlimmsten Mißstände auf diesem Gebiete beseitigt.

Was die *Auswirkung der Anleihe auf die internationalen Wirtschaftsbeziehungen Rumäniens* anbetrifft, so darf auf Grund der Tatsache, daß die Hauptkreditgeber — abgesehen von Schweden — Frankreich, die USA. und England sind, zunächst auf einen gesteigerten Import aus diesen Ländern gerechnet werden. Auf die Wirtschaftsbeziehungen mit Deutschland wird die Anleihe — dem geringeren deutschen Anteil entsprechend — von keiner unmittelbar größeren Wirkung sein. —

Für Rumänien ist der Abschluß der Auslandsanleihe insoweit von ausschlaggebender Bedeutung, als der große Erfolg, den die Anleihe bei ihrer Auflegung erzielte, das beste Zeichen für die Wiederherstellung der internationalen Kreditwürdigkeit des Landes ist und damit für Rumänien die Möglichkeiten zur Entwicklung enger wirtschaftlicher Beziehungen mit der übrigen Welt gegeben sind. Dafür fehlte bis vor kurzem, wie die dauernd gescheiterten früheren Anleiheverhandlungen gezeigt hatten, noch jede Voraussetzung. Schwer erschüttert hatte den Kredit des Landes im Ausland, insbesondere in den befreundeten Staaten, die Suspendierung des Anleihedienstes während und nach dem Krieg, die auslandskapitalfeindliche Politik der liberalen Regierung, die Zahlungseinstellungen der rumänischen Regierung 1922 für erfolgte Staatslieferungen nordamerikanischer Firmen (Eisenbahnmaterial und Lokomotiven), mit denen erst 1926 ein Vergleich getroffen wurde, und das *Moratorium für private Auslandsschulden.*

Durch Gesetz vom 2. Juni 1923 wurde nämlich für die in starker Währung von der rumänischen Industrie- und Handelswelt im Ausland gemachten privaten Schulden, soweit sie vor dem 1. Juni 1922 kontrahiert worden sind, vom rumänischen Staat, wegen des Sturzes der rumänischen Währung, ein 12jähriges Moratorium festgelegt. Die unter das betreffende Gesetz fallenden privaten Auslandsschulden waren bei einem von der rumänischen Regierung errichteten „Amt für private Zahlungen in starker Währung" (Oficiul plăților particulare în valuta forte) anzumelden, welches die Auslandsverbindlichkeiten aller rumänischen Firmen zusammenzufassen, die jährlichen Annuitäten einzuziehen und den Gläubigern zu übermitteln hat. Die angemeldeten Schulden betrugen, umgerechnet nach dem mittleren Geldkurs von 1925, insgesamt ca. 125 Mill. Goldlei, während sich die Gesamtsumme der privaten Auslandsschuld auf ca. das Dreifache belaufen haben soll [1]).

De facto bedeutete das Auslands-Schulden-Moratorium die Finanzierung eines erheblichen Teiles des rumänischen Imports durch das Ausland, wobei den ausländischen Lieferanten, die zwangsweise Kreditgeber wurden, zunächst überhaupt kein Gegenwert geleistet wurde. Erst auf Grund der inzwischen abgeschlossenen Konventionen [2]) werden von rumänischer Seite allmählich die Verbindlichkeiten abgelöst.

---

[1]) Angelescu, in „Die wirtschaftliche und finanzielle Organisation Rumäniens", a. a. O., S. 108.

[2]) Gemäß den mit den Gläubigern zustande gekommenen Konventionen werden die angemeldeten Verpflichtungen in jährlichen Annuitäten von 7,33% in einem Zeitraum von teilweise bis zu 26 Jahren getilgt.

Die Hauptgläubiger der privaten sowie der früher besprochenen staatlichen Schulden sind England, Frankreich, Italien, die übrigen Ententestaaten, sowie die Schweiz und USA. Die nach dem Krieg gewährten Kredite und Anleihen fanden ihren Niederschlag in einer weder vorher noch später wieder erreichten hohen Anteilsquote dieser Staaten im rumänischen Einfuhrhandel der Jahre 1919 bis 1921. Allen voran steht im Jahre 1920 Italien mit 24,6%, es folgen England mit 19,9%, Frankreich mit 13,9% und neben anderen die USA. mit 5,5%, Deutschland dagegen nur mit 1,9% [1]). —

Wie weit *ausländisches Kapital* direkt bzw. indirekt durch Beteiligung an rumänischen Unternehmungen *in der rumänischen Wirtschaft* tätig ist, läßt sich mangels statistischer Grundlagen nicht genau feststellen. Nur über die in Rumänien bestehenden Zweigniederlassungen ausländischer Aktiengesellschaften ist auf Grund der dem Industrie- und Handelsministerium Bukarest eingereichten Bilanzen 1928 — erstmalig nach dem Krieg — eine statistische Zusammenstellung veröffentlicht worden [2]).

Danach bestanden am 31. Dezember 1927 42 ausländische Aktiengesellschaften im Lande, von denen 32 in der Nachkriegszeit gegründet worden sind. Das gesamte Kapital dieser Gesellschaften belief sich umgerechnet auf Grund des Leukurses vom 30. Dezember 1927 auf 3 661 313 538 Lei. Davon sind englisch 16 Gesellschaften mit 55,77% des gesamten ausländischen Aktienkapitals, ungarisch 4 Gesellschaften mit 15,40%, belgisch 6 mit 4,37%. Die Schweiz ist mit zwei kleinen, Holland, Österreich, die USA., die Tschechoslowakei, Deutschland und Polen mit einer Filiale vertreten.

Von ausländischen Aktiengesellschaften entfallen 27 mit insgesamt 91,61% des ausländischen Aktienkapitals auf Industrieunternehmungen, 10 mit 4,22% auf Banken, 8 mit 4,02% auf Handelsunternehmungen, und 2 mit 0,15% auf

---

Vgl. Marinesco, Code des conventions collectives conclues pour le règlement des dettes privées à l'étranger et des lois respectives, Bucarest 1926.

[1]) Vgl. Statistischen Anhang, Tabelle VI.

[2]) Vgl. Arghir, Statistica societăților străine pe acțiuni din România, in Buletinul statistic al României, 1928, Nr. 4 Okt.-Dez. S. 111—123.

Versicherungsgesellschaften. Die englischen Gesellschaften sind vor allem in der Petroleumindustrie und im Handel tätig, die ungarischen im Bankwesen, die belgischen in der Zementindustrie, im Eisenbahn- und Straßenbahnwesen, die französischen in der Petroleum- und Kohlenindustrie, in der Luftschiffahrt und Binnenschiffahrt, die italienischen in der Holzindustrie, im Handel und im Versicherungswesen.

Neben den Filialen ausländischer Aktiengesellschaften in Rumänien gibt es im Lande noch eine ganze Anzahl selbständiger ausländischer Unternehmungen sowie rumänischer Unternehmungen mit teilweise oder fast ausschließlich ausländischem Kapital. Am stärksten vertreten ist das *ausländische Kapital* — und zwar in allen angeführten Anlageformen — *in der rumänischen Petroleumindustrie.*

Wegen zahlreicher Neugründungen und Kapitalerhöhungen in entwerteter Valuta begegnet es großen Schwierigkeiten die Beteiligung des ausländischen Kapitals an der rumänischen Erdölindustrie exakt festzustellen [1]. A. E. Dorwagen hat es in einem Artikel der Industrie und Handelszeitung [2] unternommen, das an der rumänischen Erdölindustrie beteiligte Kapital für das Jahr 1924 in Goldlei festzustellen [3]. Er kommt zu folgendem Ergebnis:

120	rumänische Gesellschaften	227 341 479 G.-Lei
29	Gesellschaften mit rumänischem und fremdem Kapital	414 087 722 „
26	englische Gesellschaften	209 145 929 „
12	belgische und französische Gesellschaften	64 000 000 „
4	holländische Gesellschaften	9 187 000 „
191	Gesellschaften mit zusammen	923 762 630 G.-Lei

[1] In den rumänischen diesbezüglichen Angaben findet man vielfach Gold- und Papierlei ohne besondere Bezeichnungen nebeneinander, wodurch ein falsches und für den rumänischen Kapitalanteil unverhältnismäßig günstiges Bild entsteht.

[2] v. 23. 1. 1926.

[3] Dorwagen unterscheidet das Grundkapital in Gold vor dem Kriege und die Neugründungen und Kapitalerhöhungen in entwerteter Valuta, die er auf Grund der New Yorker Devisennotierungen umrechnet. Wenn auch dieser Methode Fehlerquellen anhaften können, so bietet sie zur Zeit die einzige Möglichkeit, den Wert des investierten Kapitals und der verschiedenen Kapitalanteile einigermaßen richtig darzustellen.

Der frühere deutsche Aktienanteil an der rumänischen Erdölindustrie ging auf Grund des Petroleumpaktes von St. Remo vom April 1920 zu 51% in rumänischen zu 24,5% in englischen und zu 24,5% in französischen Besitz über. Damit erhielt das rumänische Volksvermögen einen ganz bedeutenden Zuwachs [1]), und das rumänische Kapital erfuhr in der Petroleumindustrie eine große Stärkung.

Werden auch von den rumänischen Gesellschaften eine große Anzahl tatsächlich vom ausländischem Kapital beherrscht, so hat das rumänische Kapital immerhin im Vergleich zur Vorkriegszeit, wo es nur 7% des Gesamtkapitals ausmachte, eine ganz bedeutende Kräftigung erfahren, die in den letzten Jahren noch wesentlich gesteigert wurde. Die Erhöhung des in der Petroleum-Industrie investierten Kapitals in den letzten Jahren kommt in folgenden Ziffern zum Ausdruck: Aktienkapital in Papierlei 1924: 6 966 Mill., 1927: 10 981 Mill., in franz. und belg. Francs sowie Lire 1924: 64 Mill., 1927: 1,144 Mill., in engl. Pfund 1924: 8,2 Mill., 1927: 12,6 Mill. in holländischen Gulden 1924: 4,3 Mill. und 1927 2 Mill. der betreffenden Währung [2]).

Über die *Beteiligung ausländischen Kapitals in anderen Industriezweigen* des Landes liegen keine zusammenfassenden und verläßlichen Angaben vor. Bekannt ist die namhafte Beteiligung der Vickers Limited, London, an der „Eisenwerke und Domänen A.-G. von Reşiţa“ und an den kommerzialisierten „Staatlichen Metallwerken von Copşa Mica und Cujir“, in welche die Vickers Limited die benötigten Spezialmaschinen einbrachte [3]). Italien und Frankreich haben für Spirituosen, Parfümerien usw. in Rumänien eigene Fabriken errichtet, in denen sie die Landesprodukte erfolgreich verwenden [4]). Französisches Kapital zeigt für die Elektrifizierungsprojekte und (Schneider Creuzot) für die Bihorer Bauxitvorkommen und den rumänischen Bergbau Interesse. Französische Firmen (Lorrain-Dietrich und Blériot) haben eine

---

[1]) Es müssen für diese Aktien bzw. das investierte Kapital keine Zinsen mehr ans Ausland gezahlt werden.

[2]) Anuarul Statistic 1927, S. 253.

[3]) Rommenhöller, a. a. O., S. 539.

[4]) Industrie- und Handels-Zeitung vom 1.2.1927.

große Aeroplan-Fabrik bei Kronstadt gebaut. Ausländisches Kapital ist außerdem stark in der rumänischen Holzindustrie vertreten.

In der rumänischen *Bankwelt* hat französisches Kapital nach dem Kriege festeren Fuß gefaßt nnd ist teilweise an Stelle der früheren deutschen Beteiligungen getreten, so die Banque de Paris et des Pays Bas bei der Banque Marmarosch Blank & Cie. Die rumänische Kreditbank ist mit der Zentraleuropäischen Länderbank verbunden und die Banca Comercială Română steht mit der Banque de l'Union Parisienne in engster Beziehung. Selbständig vertreten ist die Banca Commerciale Italiana durch eine Tochterbank und die Banque Belge pour l'Etranger mit einer Filiale in Bukarest. Die Stütze des englischen Handels und Kapitals bildet die seit 1866 bestehende Bank of Roumania Ltd, London-Bukarest; Schweizer Kapitalisten, vor allem Warenexporteure, sind an zwei kleineren Banken beteiligt. Von den deutschen Banken ist vorläufig nur die Dresdner Bank durch eine Filiale in Bukarest vertreten [1]).

3. Die deutsch-rumänischen Kapitalbeziehungen.

Deutschlands Vormachtstellung im rumänischen Außenhandel der Vorkriegszeit, von dessen Einfuhr im Jahre 1913 40,3% dem Werte nach aus Deutschland stammten, ist in erster Linie auf die hervorragende Beteiligung des deutschen Kapitals an den rumänischen Anleihen, der rumänischen Erdölindustrie und den rumänischen Banken zurückzuführen [2]).

---

[1]) Obige Angaben sind im wesentlichen einem Artikel der Frankfurter Zeitung vom 14. 10. 1925 entnommen.

[2]) Sind doch 1913/14 von der 85,6 Mill. Lei betragenden Zinsenlast der rumänischen Staatsschulden, deren Gesamtsumme sich am 1. 4. 1914 auf 1 731 008 329 Lei belief (Francis Bernard, a. a. O., S. 170) 46,3 Mill. Lei das sind 54% nach Deutschland gegangen (Handbuch der Militärverwaltung in Rumänien, a.a.O., S. 12). Die deutsche Kapitalbeteiligung an der rumänischen Erdölindustrie betrug vor dem Krieg ca. 39% (Rumänien. Landes- und wirtschaftsstatistische sowie topographische Übersichten, bearb. von der Direktion des österreichischen Handelsmuseums. Wien 1917, S. 162). Die Banca Generală war mit fast ausschließlich deutschem Kapital gegründet worden und der deutsche Anteil an der Banque Marmarosch Blank & Cie. stellte sich auf 24% (Strasser, a.a.O., S. 79). Daneben war deutsches Kapital in der rumänischen Industrie

Durch den Weltkrieg ging zunächst das gesamte in Rumänien und den angegliederten Provinzen [1]) investierte deutsche Kapital verloren. In der Zeit nach dem Friedensschluß haben verschiedene Momente meist politischer Natur die Wiederaufnahme und Entwicklung der *deutsch-rumänischen Kapitalbeziehungen gehemmt.*

Deutschland verfügte bis zum Jahre 1924 wegen der Inflation und Stabilisierungskrise nicht über die nötigen disponiblen Kapitalien, die für eine Anlage im Ausland in Betracht gekommen wären. Das Niederlassungsrecht wurde deutschen Staatsbürgern in Rumänien im allgemeinen nicht gewährt, auch machte die Aufrechterhaltung des *§ 18 des Art. 244 des Versailler Vertrages* jede direkte deutsche Kapitalinvestition in Rumänien unmöglich. Die Gefahr der Beschlagnahme deutschen Eigentums auf Grund von § 18 hatte durch die Anlage 4 zu dem Londoner Schlußprotokoll — durch das der Dawesplan in Kraft gesetzt wurde, — außerordentlich an Kraft verloren, da in dieser Anlage bestimmt wird, daß der Anwendung des erwähnten Paragraphen ein Beschluß der Reparationskommission und unter gewissen Voraussetzungen ein Schiedsgerichtsverfahren vorausgehen muß [2]). Erst im deutsch-rumänischen Abkommen vom November 1928 hat Rumänien auf die Anwendung des § 18 verzichtet [3]).

Die Hartnäckigkeit, mit der Rumänien bis vor kurzem, im Gegensatz zu den meisten alliierten und assoziierten Staaten, auf § 18 bestand, ist in erster Linie auf den *Banca Generală Notenkonflikt* zurückzuführen, dessen erschöpfende kritische Darstellung eine besondere juristische Arbeit erforderte [4]). Es handelt sich bekannterweise um die während der deutschen

---

vor allem auf dem Gebiete der Elektrizitätswirtschaft vertreten. (Vgl. Sturia, B., Deutschlands Arbeit in Rumänien, Bukarest 1916, deutsch herausgegeben von Hofrat Osel, Dießen am Ammersee, 1917, S. 38 ff.)

[1]) Von besonderer Bedeutung war die unter der Führung der Deutschen Bank mit ungarischen und österreichischen Banken in Siebenbürgen 1916 gegründete „Ungarische Erdgas A.-G.", deren Aktien und Einrichtungen vom rumänischen Staat beschlagnahmt wurden.

[2]) Deutscher Außenhandel v. 25. 3. 1927.

[3]) Vgl. unten S. 106.

[4]) Die rumänische Regierung hat ihre Auffassung in dieser Angelegenheit in ihrem „Grünbuch" detailliert dargelegt.

Okkupation von der deutschen Militärverwaltung in Rumänien, auf Grund des in Berlin vor Ausbruch des Krieges deponierten Goldes der rumänischen Nationalbank, emittierten 2,11 Milliarden Lei, auf deren Entschädigung Rumänien Anspruch erhob.

Deutschland war auch geneigt Rumänien gegenüber dafür aufzukommen und hatte der liberalen Regierung 1922 einen beträchtlichen Betrag angeboten, der aber von dieser als zu gering zurückgewiesen wurde. Durch den *Dawesplan* und das Londoner Abkommen ist für die Regelung dieser Angelegenheit eine *neue Rechtsgrundlage* geschaffen worden. Rumänien hatte die rechtzeitige Geltendmachung seiner Forderung aus der deutschen Notenausgabe bei der vorbereitenden Kommission in Paris unterlassen, und seine diesbezüglichen Ansprüche haben im Dawesplan und Londoner Abkommen keine Berücksichtigung gefunden. Auch wurde von der Reparationskommission entschieden, daß die rumänische Forderung betreffs der Banca Generală Noten nicht unter die Bestimmungen des Art. 259 Ziff. 6 des Versailler Vertrags fallen [1]).

Da es im Interesse beider Länder liegt, jedes Hindernis, das ein wirtschaftliches Zusammenarbeiten erschwerte, zu beseitigen, so war man auch auf deutscher Seite bemüht, eine befriedigende Lösungsform zu finden. Die im Frühjahr 1928 erneut aufgenommenen *deutsch-rumänischen* Verhandlungen haben im November desselben Jahres zu einem endgültigen *Abkommen* geführt durch das alle schwebenden Streitfragen beigelegt wurden.

Auf Grund des Übereinkommens gewährt Deutschland Rumänien eine Globalentschädigung von 75½ Mill. RM. von denen 30½ Mill. im ersten und je 15 Mill. RM. in den folgenden

---

[1]) Die deutsche Regierung spezifizierte ihren Standpunkt in ihrer Note an die rumänische Regierung vom 28. 1. 1925 folgendermaßen: „Da nach Kap. IX Teil X des Sachverständigengutachtens alle Kosten der Alliierten aus dem Kriege, deren Ersatz sie von Deutschland verlangen können, durch die im Dawesplan festgesetzten Annuitäten abgegolten werden müssen, stellen die Jahresleistungen das Maximum der deutschen Leistungen gegenüber den Alliierten dar, über deren Betrag Deutschland zu keinen Zahlungen verpflichtet ist". (Rommenhöller, Die wirtschaftliche Lage Deutschlands während des Jahres 1925. Rumänischer Konsularbericht. Berlin 1926.)

Jahren gezahlt werden. In einem Zusatzabkommen erreichte Rumänien die sofortige Flüssigmachung der genannten Summe indem sich die Disconto-Gesellschaft bereit erklärte, die restlichen 45 Mill. RM. zu einem Zinsfuß von 1% über Reichsbank-Diskont der rumänischen Regierung zur Verfügung zu stellen. In Anbetracht der prekären Finanzlage Rumäniens ist dies Entgegenkommen für Rumänien von größter Bedeutung.

Rumänien erklärt im Vertrag seinerseits alle deutsch-rumänischen finanziellen Streitfragen für erledigt. Es handelt sich dabei vor allem um die 2,11 Milliarden Lei Banca-Generală Noten, außerdem um die vor dem Kriege bei der deutschen Reichsbank deponierten und in der Inflation entwerteten 300 Mill. RM., weiterhin um die auf Grund des Bukarester Friedens von 1917 erfolgten Leistungen in Höhe von 750 Mill. Goldlei und schließlich um eine Forderung von 12 Mill. Goldlei für an Deutschland vor Rumäniens Eintritt in den Krieg geliefertes Mehl.

Ferner verzichtet Rumänien auf die Anwendung des mehrfach erwähnten § 18 und des § 297 des Versailler Vertrages, auf Grund dessen das deutsche Vorkriegsvermögen liquidiert werden konnte. Die Liquidationen wurden von Rumänien schon im Jahre 1927 eingestellt. Insgesamt sind 28% des in Rumänien sequestrierten deutschen Vermögens liquidiert worden, den Rest von ca. 500 Mill. Lei werden die früheren Eigentümer zurückerhalten [1]).

Rumänien verpflichtet sich im Abkommen zur Wiederaufnahme des Zinsendienstes der im deutschen Besitz befindlichen Vorkriegsanleihen. Der Anleihedienst erfolgt wie bei den abgestempelten Renten in Prozentsätzen des Nennbetrages in Gold, welche für die 4½%ige Anleihe von 1913 von anfangs 35% bis zum Jahre 1970 allmählich auf 100% ansteigen. Die übrigen Renten sind schlechter gestellt worden, ihre Verzinsung beginnt mit 20% und wird allmählich innerhalb derselben Zeit 50% erreichen. Die bis zum 1. 10. 1928 einschließlich fällig gewordenen und am 27. 8. 1916 n. St. nicht verjährten Kupons werden am 1. 4. 1929 in bar eingelöst, und zwar die Kuponrückstände der 1913 Anleihe mit 4½%, die der anderen mit 2% des Kupon-Nennbetrages in Gold.

[1]) Kronstädter Zeitung vom 20. 1. 1929.

Sind durch diese Regelung die deutschen Anleihebesitzer auch bedeutend ungünstiger gestellt worden wie die Renteninhaber der alliierten und neutralen Staaten, so muß in Anbetracht des Umstandes, daß Rumänien zunächst überhaupt keine Verpflichtung zur Einlösung der Anleihen anerkennen wollte, die erfolgte Regelung begrüßt werden.

Das deutsch-rumänische Abkommen ist für die Entwicklung regelmäßiger und enger Wirtschaftsbeziehungen beider Länder von größter Bedeutung. Deutsches Kapital und deutsche Arbeit können sich wieder in größerem Ausmaß in den Dienst der rumänischen Volkswirtschaft stellen und zu deren Förderung tatkräftig beitragen.

Damit werden auch die *tatsächlichen Kapitalbziehungen* Deutschlands zu Rumänien, die — soweit sie überhaupt überblickt werden können — vorläufig noch gering sind, eine bedeutendere Steigerung erfahren. Eine direkte Beteiligung an der rumänischen Petroleumindustrie kam nicht in Frage. Dagegen ist deutsches Kapital in der rumänischen Holzindustrie vertreten. 1928 beteiligten sich die A. G. Vereinigte Glanzstoffabriken, Elberfeld an der Gründung der ersten Kunstseidenfabrik in Comarnic. Eigene Filialunternehmungen sind nur in unbedeutendem Maße gegründet worden (neben anderen haben Wolf & Sohn, Frankfurt, sowie Leo, Dresden, Filialbetriebe errichtet). Erwähnenswert ist, daß der Berliner Firma Julius Berger A.-G. der Ausbau des Teliu Tunnels auf der neuen Eisenbahnstrecke Kronstadt—Buzeu übertragen wurde [1]). Außerdem hat die Berger A.-G. von der rumänischen Regierung weitere größere Aufträge zur Anlage neuer Eisenbahnlinien und zum Ausbau des rumänischen Eisenbahnnetzes erhalten.

Im Jahre 1927 haben sich zum erstenmal auch eine Reihe deutscher Finanzinstitute, und zwar die Berliner Handelsgesellschaft, die Darmstädter und Nationalbank und — durch ihre Wiener Kommandite — die Disconto-Gesellschaft an der Finanzierung der rumänischen Zuckerkampagne 1927/28 beteiligt [2]). Von der rumänischen Privatwirtschaft sind auch

---

[1]) Vorher hatte sich eine französische Firma der Aufgabe nicht gewachsen gezeigt.

[2]) Industrie- und Handels-Zeitung vom 14. 4. 1927.

sonst in Deutschland direkt oder durch Vermittlung Wiener Banken Kredite aufgenommen worden [1]).

Als erster Erfolg des deutsch-rumänischen Abkommens ist die Gewährung eines £ 500 000 Kredites im Januar 1929 von seiten der Dresdner Bank und der Berliner Getreidefirma Kampffmeyer G. m. b. H. an die rumänische Genossenschaftszentrale zu verzeichnen. Der Betrag sollte zum Ankauf von Saatgetreide für die infolge der Dürre geschädigten Gebiete dienen.

Die große Geldknappheit im Lande und der Bedarf an ausländischen Produktionsmitteln fördern ganz wesentlich die Kreditaufnahme im Ausland. Da die deutschen Erzeugnisse dank ihrer Qualität und der großen Anpassungsfähigkeit der deutschen Exportindustrie nach wie vor die in Rumänien besteingeführten sind, dürften auch die Kredit- und Kapitalbeziehungen zu Deutschland — nachdem nunmehr alle rechtlichen Hemmnisse beseitigt worden sind — an Umfang zunehmen.

Für die Gewährung von Krediten und Anleihen kommen in erster Linie die deutschen Banken in Frage. Ihre enge Verbindung mit der deutschen Exportindustrie und vor allem ihre genaue Kenntnis der rumänischen Verhältnisse, die eine Folge der außerordentlich engen wirtschaftlichen Beziehungen Deutschlands zu Rumänien vor dem Krieg ist, bieten für den deutsch-rumänischen Güteraustausch und für die deutsche Wirtschaftsbeteiligung in Rumänien günstige Voraussetzungen:

„Les Allemands nous connaissent mieux
que les alliés et ils savent ce qui
manque à notre marché et comment l'on
peut faire des affaires en Roumanie" [2]).

---

[1]) Rumänischer Lloyd vom 25. 9. 1927.
[2]) Bursa, a. a. O. vom 31. 10. 1926.

Schluß: Ergebnis der Untersuchung.

Die wirtschaftliche Struktur der beiden Länder mit ihren Produktionsmöglichkeiten und Konsumerfordernissen, sowie ihre geographische Lage mit der Donau als zukünftig wichtigster Verkehrsader, führt sie auf sachlich-wirtschaftlicher Basis zusammen.

Rumänien und Deutschland stehen sich vorläufig und noch für absehbare Zeit einerseits als Agrarstaat mit „Natur" als wichtigstem Produktionselement und andererseits als Industriestaat mit hochentwickelter Arbeitsleistung und kapitalbildender Kraft gegenüber. Indem Rumänien seine natürlichen Reichtümer verwertet, kann es Deutschland mit einem Teil der benötigten Nahrungsmittel und Rohstoffe versehen. Deutschland seinerseits ist durch Kreditgewährung und der damit verbundenen Lieferung von produzierten Produktionsmitteln hervorragend befähigt zur Nutzbarmachung der produktiven Kräfte Rumäniens beizutragen und dadurch dem Lande eine gedeihliche Entwicklung und seiner eigenen Industrie einen aussichtsreichen Absatz zu gewährleisten.

In Rumänien wäre neben der nun in Angriff genommenen vollständigen Reorganisation und dem Ausbau des Verkehrswesens in erster Linie die land- und forstwirtschaftliche Produktion und solche Industriezweige zu fördern, die in den Bodenschätzen und Produkten des Landes eine naturgemäße Produktionsgrundlage finden.

Die angestrebte Industrialisierung Rumäniens bedeutet keine Minderung der sachlichen Berührungspunkte mit Deutschland, sondern erhöht die wirtschaftlichen Eränzungsmöglichkeiten, da der gegenseitige Güteraustausch im allgemeinen eine um so größere Intensivierung erfährt, je fortgeschrittener und entwickelter und damit in ihrer Produktion spezialisierter die betreffenden Volkswirtschaften sind. Die weltwirtschaftliche Entwicklung läuft nicht auf eine endgültige Arbeitsteilung zwischen einseitigen Agrarstaaten und Industriestaaten hinaus, sondern auf einen Austausch der jeder Wirtschaft eigentümlichen Erzeugnisse.

Die günstigen rein materiellen Voraussetzungen werden ergänzt durch die in Rumänien in zunehmendem Maße sich wieder durchsetzende Überzeugung von deutschem Arbeitserfolg und deutscher wissenschaftlicher Leistung, sowie durch die Vertrautheit der deutschen Wirtschaftskreise mit den besonderen Verhältnissen des rumänischen Wirtschaftslebens, die eine dauernde Beobachtung und genaues Studium verdienen.

Die Erfahrungen, die Deutschland in seiner wirtschaftlichen Betätigung im Ausland vor dem Kriege gemacht hat, sollten praktisch auch in negativer Hinsicht, nämlich dafür, wie man nicht vorgehen darf, ausgewertet werden. Das nationale und persönliche Empfinden und stark ausgeprägte Selbstbewußtsein ist besonders bei noch jungen Nationen äußerst leicht verletzbar. Das sind Tatsachen, auf die ebenso wie auf wirtschaftliche Belange Rücksicht genommen werden muß. Daß dies von den früheren Bundesgenossen Rumäniens — vielleicht mit Ausnahme von Italien — vielfach nicht in ausreichendem Maße getan worden ist, hat sehr zugunsten Deutschlands gearbeitet.

Die vom staatsmännischen Willen beeinflußten wirtschaftlichen und vertraglichen Verhältnisse boten bis vor kurzem noch große Hemmnisse. Diese sind nun durch das deutsch-rumänische Abkommen behoben worden, und damit wurde der Weg zur Entwicklung normaler enger wirtschaftlicher Beziehungen frei gemacht. Die günstigere rechtliche Stellung des ausländischen Kapitals und die Milderung der überspannten Hochschutzzollpolitik werden Rumänien sehr zum Vorteil gereichen. Im gemeinsamen Interesse ist zu wünschen, daß die wirtschaftlichen Kräfte, welche beide Volkswirtschaften aufeinander weisen, ungehindert zur Geltung kommen und sich im gegenseitigen wirtschaftlichen Verkehr vollkommen durchsetzen können.

Statistischer Anhang.

Tabelle I. 1. Anbaufläche, Produktion

Jahr	Weizen Fläche 1000 ha	Weizen Ernte Mill. dz.	Weizen dz. per ha	Gerste Fläche 1000 ha	Gerste Ernte Mill. dz.	Gerste dz. per ha	Mais Fläche 1000 ha	Mais Ernte Mill. dz.	Mais dz. per ha
Vorkriegs- [2]) durchschnitt	3.700	45.7	12.3	1.400	14.6	10.4	3.900	59.1	15.1
1922	2.649	25.0	9.5	1.727	20.4	11.8	3.403	30.4	8.9
1923	2.690	27.7	10.3	1.787	13.2	7.1	3.404	38.4	11.3
1924	3.172	19.1	6.1	1.876	6.6	3	3.621	39.4	10.9
1925	3.300	28.5	8.6	1.704	10.1	5.9	3.930	41.5	10.5
1926	3.327	30.1	9.1	1.551	16.8	10.9	4.059	60.8	14.9
1927	3.101	26.3	8.5	1.764	12.6	7.1	4.219	35.3	8.4
1928	3.206	31.4	9.8	1.749	15.1	8.6	4.455	27.5	6.1

2. Getreideexport

	Weizen Mill. dz.	Weizen °/₀ d. Prod.	Gerste Mill. dz.	Gerste °/₀ d. Prod.	Mais Mill. dz.	Mais °/₀ d. Prod.
1922	0.2	0.8	5.8	28.4	3.0	9.8
1923	0.2	0.6	8.2	62.1	6.7	17.4
1924	1.2	6.2	2.7	40.9	7.4	18.7
1925	0.7	2.4	1.8	17.8	5.8	13.9
1926	2.7	8.8	5.8	34.5	6.9	11.3
1927	2.0	7.9	7.0	55.7	17.6	50.0
1928	0.2	0.8	4.1	27.4	4.7	17.2

[1]) Zusammengestellt nach Anuarul Statistic 1927, S. 37 ff., für 1928 nach l'Economiste Roumain, 1928, S. 273.

[2]) Geschätzt für Großrumänien vom Internationalen Landwirt-

und Ertrag von Getreide in Rumänien [1])

Hafer Fläche 1000 ha	Hafer Ernte Mill. dz.	Hafer dz. per ha	Roggen Fläche 1000 ha	Roggen Ernte Mill. dz.	Roggen dz. per ha	Zusammen Fläche 1000 ha	Zusammen Ernte Mill. dz.
890	15.0	16.8	494	5.3	10.7	10.384	139.7
1.333	13.3	10.1	266	2.3	8.7	9.378	91.4
1.345	9.0	6.7	270	2.4	9.1	9.496	88.7
1.236	6.0	4.9	271	1.5	5.6	10.176	72.6
1.184	7.0	6.2	270	2.0	7.5	10.388	89.1
1.078	11.5	10.7	295	2.8	9.7	10.310	122.0
1.084	8.6	8.0	284	2.3	8.3	10.452	85.1
1.116	9.8	8.8	295	2.9	9.9	10.821	86.7

Rumäniens [3]).

Hafer Mill. dz.	Hafer % d. Prod.	Roggen Mill. dz.	Roggen % d. Prod.	Zusammen Mill. dz.	Zusammen % d. Prod.
2.3	17.2	0.2	8.6	11.5	12.5
1.7	18.8	0.1	4.1	16.9	18.8
0.9	15.0	0.3	20.0	12.5	17.2
0.2	2.8	0.0	0.3	8.5	9.5
0.6	5.2	0.2	7.1	16.1	13.1
0.8	10.4	0.6	25.8	28.3	33.3
0.1	1.7	0.3	11.2	9.6	11.1

schaftsinstitut Rom, zitiert von Kovács im Wirtschaftsdienst 1926, Heft 11.

[3]) Comerțul Exterior 1924 und 1925, 1926 (vorläufige Zahlen), für 1927 und 1928 Argus vom 24. 12. 1928 und 9. 3. 1929.

Tabelle II. Zusammensetzung des Gesamtaußenhandels[1]) Deutschlands und Rumäniens.
(Nach den Warengruppen des Internationalen Verzeichnisses.)

Artikel	Deutschland [2]) 1924	1925	1926	1927	Rumänien [3]) 1924	1925	1926	1927 [4])
	in Prozenten				in Prozenten			
A. Einfuhr:								
I. Lebende Tiere	1.0	0.9	1.1	1.2	0.03	0.05	0.14	.
II. Lebensmittel und Getränke	28.8	30.7	33.7	30.4	7.3	8.0	5.8	.
III. Rohstoffe und halbfertige Waren	49,6	47.6	46.6	50.5	8.4	8.3	8.2	.
IV. Fertige Waren	18.6	15.3	12.8	17.8	84.2	83.4	85.9	.
	in Mill. RM.				in Mill. Goldlei			
Gesamteinfuhr	9.264.6	13.080.2	10.616.7	14.466.3	682.9	758.5	891.2	1.049.9
	in Prozenten				in Prozenten			
B. Ausfuhr: [5])								
I. Lebende Tiere	0.2	0.2	0.2	0.3	10.1	14.4	8.0	.
II. Lebensmittel und Getränke	6.7	5.6	4.8	4.1	50.7 [6])	35.3	45.3	.
III. Rohstoffe und halbfertige Waren	13.8	21.7	26.3	24.1	36.3	46.7	43.8	.
IV. Fertige Waren	78.7	72.5	68.7	71.5	2.7	3.3	2.8	.
	in Mill. RM.				in Mill. Goldlei			
Gesamtausfuhr	6.585.1	9.329.9	10.450.6	10.822.9	737.4	731.4	917.3	1.183.9

[1]) Spezialhandel einschließlich Gold und Silber.

[2]) Statistik des Deutschen Reichs Bd. 317, S. 6, Bd. 339, I, Bd. 351, I und Statistisches Jahrbuch für das Deutsche Reich 1928. S. 192 ff.

[3]) Nach Einordnung sämtlicher Artikel des rumänischen Zolltarifs in die 4 Warengruppen des Internationalen Verzeichnisses an Hand der diesbezüglichen Einklassifizierung der deutschen Zolltarifartikel, wurde der Anteil der verschiedenen Gruppen, unter Zugrundelegung der Außenhandelswerte der einzelnen Artikel der rumänischen Statistik annäherungsweise berechnet.

[4]) Noch keine Statistik erschienen.

[5]) Für die Jahre 1925 bis 1927 einschließlich der Reparations-Sachlieferungen.

[6]) Im Jahre 1923 Einfuhr 10.3%, Ausfuhr 58.1%.

Tabelle III. Spezialhandel Deutschlands mit Rumänien[1]).

(Nach den Warengruppen des Internationalen Verzeichnisses.)

Artikel	1923		1924		1925		1926		1927		1928	
	Mill. RM.	%	Mill. RM.	%	Mill. RM.	%	Mill. RM.	%	Mill. RM.	%	Mill. RM.	%
A. Einfuhr aus Rumänien:												
I. Lebende Tiere	0.0	0.0	0.5	0.9	0.6	7.0	0.9	0.6	0.8	0.3	1.9	1.1
II. Lebensmittel und Getränke	25.6	69.1	43.2	72.3	54.9	58.8	113.7	73.9	172.5	70.9	109.7	58.4
III. Rohstoffe und halbfertige Fabrikate	9.3	25.2	15.0	25.2	29.6	31.7	37.0	24.0	66.9	27.5	73.4	39.0
IV. Fertige Waren	2.1	5.7	0.9	1.6	2.1	2.3	2.1	1.4	2.9	1.2	3.0	1.5
Gesamteinfuhr	37.1	100	59.9	100	93.4	100	153.8	100	243.3	100	188.0	100
B. Ausfuhr nach Rumänien:[2])												
I. Lebende Tiere	0.0	0.0	—	0.0	0.0	0.0	0.0	0.0	0.0	0.0	0.0	0.0
II. Lebensmittel und Getränke	0.2	0.3	1.1	1.2	0.7	0.6	0.5	0.3	0.6	0.3	1.2	0.7
III. Rohstoffe und halbfertige Waren	4.6	5.1	3.4	3.9	6.2	5.4	8.8	5.3	13.4	8.2	13.0	7.5
IV. Fertige Waren	86.2	94.6	84.7	94.9	107.8	93.7	125.7	93.1	148.2	91.5	158.4	91.6
Gesamtausfuhr	91.2	100	89.3	100	114.8	100	135.0	100	162.3	100	172.7	100

[1]) Nach Statistik des Deutschen Reichs Bd. 318, IV, S. 74 ff., Bd. 330 A IV, S. 11 ff., Bd. 339, II, S. 72 ff., und Bd. 351, II, S. 74 ff. Monatliche Nachweise über den auswärtigen Handel Deutschlands, Januar 1929, S. 230 ff.

[2]) Für die Jahre 1925 bis 1928 einschließlich der Reparations-Sachlieferungen.

Tabelle IV. Deutschlands wichtigste Ausfuhrwaren nach Rumänien.[1])

	Mengen in 100 kg					Wert in 1000 RM.				
	1927	1926	1925	1924	1923	1927	1926	1925	1924	1923
Gesamtausfuhr nach Rumänien	1.293.271	1.203.650	966.762	617.510	718.645	162.300	135.085	114.881	89.366	91.215
Fische und Fischzubereitungen	815	2.021	14.311	9.657	3.377	72	91	337	229	80
Wolle und Tierhaare	6.611	2.099	1.631	1.244	2.721	2.530	1.023	651	522	1.013
Baumwolle	6.383	4.262	2.309	1.117	1.136	1.226	727	518	267	186
Nichtölhaltige Sämereien	13.102	15.880	7.558	8.996	9.655	1.346	1.769	691	614	735
Gerbhölzer-, rinden u. -auszüge	21.614	19.192	17.940	10.695	40.221	1.124	874	750	326	1.248
Garn aus: Wolle u. Tierhaaren	3.134	1.060	742	649	789	4.055	1.177	851	685	667
Garn aus: Baumwolle	4.661	3.406	1.457	1.885	2.630	2.811	1.815	1.038	1.086	1.519
Kunstseide u. Florettseidengarn	1.418	396	140	316	386	1.754	615	421	685	680
Gewebe und andere nicht genähte Waren aus Seide u. Kunsts.	190	267	318	808	526	763	1.057	1.435	2.787	1.566
Gewebe und andere nicht genähte Waren aus Wolle u. andere Tierhaare	2.764	3.069	2.123	4.269	4.368	5.065	5.263	3.933	5.517	4.395
Gewebe und andere nicht genähte Waren aus Baumwolle	9.009	8.282	8.718	9.306	10.071	12.359	12.399	14.006	11.773	11.418
Kleidung und Wäsche	85	60	113	196	388	184	127	290	343	543
Sonstige Textilwaren	3.844	2.773	2.406	2.772	2.989	1.907	1.544	1.717	1.600	1.729
Leder	1.205	1.625	1.172	789	1.169	2.945	3.404	2.687	1.702	1.856
Schuhwerk, Sattler- und Lederwaren	598	605	512	1.066	990	954	937	867	1.579	958
Pelze und Pelzwaren	881	477	524	376	357	6.490	3.364	3.764	2.398	1.605
Möbel und Holzwaren	2.747	2.166	1.668	2.718	4.894	791	497	557	638	592
Kautschukwaren	3.074	2.389	2.108	2.355	2.414	1.992	1.625	1.274	1.207	1.152
Celluloid, Galalith u. dgl.	933	579	380	323	295	542	413	312	274	307
Papier und Papierwaren	12.219	8.958	7.274	23.855	10.626	1.787	1.479	1 377	1.778	1.261
Bücher und Musiknoten	808	857	681	737	643	437	562	381	367	211
Farben, Firnisse und Lacke	18.655	13.970	10.177	15.505	16.928	5.917	3.841	3.039	3.686	3.078
Sonstige chem. und pharmaz. Erzeugnisse	48.120	46.472	28.436	25.184	34.888	5.490	4.956	3.743	3.228	2.957

Ton- und Porzellanwaren (außer Ziegeln)	21.641	17.998	16.170	18.141	22.397	1.526	1.425	1.332	1.128	1.176
Glas und Glaswaren	8.951	7.691	7.060	12.303	13.403	2.568	1.902	1.739	1.599	1.454
Waren aus Edelmetallen	9	11	14	17	16	205	238	320	295	640
Waren aus Kupfer*	13.210	12.490	10.303	10.401	9.093	4.239	3.518	3.331	2.792	2.487
Eisenröhren und Walzen*	89.786	151.273	102.728	47.151	58.280	3.400	6.618	4.343	1.823	1.728
Stab- und Formeisen*	11.638	60.599	26.338	46.700	30.918	309	1.202	412	809	516
Blech und Draht*	61.265	72.091	44.045	41.476	63.342	2.051	2.032	1.248	1.038	1.512
Eisenbahnoberbaumaterial*	176.372	169.064	74.153	6.124	6.202	4.974	4.295	1.797	108	160
Kessel, Teile und Zubehör von Maschinen*	40.221	36.128	20.665	13.327	16.779	5.816	5.452	3.095	2.381	2.191
Messerschmiedewaren	1.422	1.033	967	924	821	1.211	922	911	718	579
Sonstige Eisenwaren* [2])	187.560	170.265	168.628	32.723	134.789	16.994	15.185	15.063	10.493	12.109
Sonstige Waren aus unedlen Metallen	4.613	3.495	3.309	2.882	4.200	1.411	1.075	1.017	1.028	1.557
Textilmaschinen	20.107	14.726	9.729	6.313	11.798	5.468	3.592	2.134	1.157	1.736
Dampflokomotiven, Tender*	59.228	43.775	32.727	21.240	16.443	7.277	5.407	2.109	1.473	1.891
Werkzeugmaschinen*	19.519	20.737	13.274	9.933	9.923	2.390	3.833	2.068	1.219	1.872
Landwirtschaftliche Maschinen	8.712	9.440	3.400	4.096	5.199	773	750	330	332	430
Sonstige Maschinen (außer elektrischen)*	69 132	60.051	41.381	32.432	67.395	11.607	9.024	6.124	4.453	6.699
Elektrische Maschinen (einschließlich Teile)*	4.725	5.732	3.865	4.663	7.100	1.159	1.757	727	850	1.384
Elektrotechnische Erzeugnisse*	11.430	9.806	6.931	8.171	8.122	4.297	3.547	2.588	3.165	2.838
Fahrräder, Fahrradteile	5.696	1.849	1.602	863	734	1.948	661	486	256	225
Musikinstrumente	5.039	2.430	1.815	1.310	1.286	2.711	1.276	937	577	530
Uhren	1.745	1.428	849	738	1.059	719	728	449	372	522
Apparate, Instrumente u. dgl.	1.255	1.009	1.033	1.118	1.021	1.684	1.345	1.194	1.063	935
Kinderspielzeug	1.881	722	1.360	1.298	1.185	734	312	472	383	296

[1]) Nach Statistik des Deutschen Reichs, Bd. 318, IV, S. 74 ff. Bd. 330, A, IV, S. 11 ff. Bd. 339, II, S. 72 ff. und Bd. 351, II, S. 74 ff. Für 1925 und die folgenden Jahre einschließlich der Reparations-Sachlieferungen.

[2]) Einschließlich Werkzeuge und landwirtschaftliche Geräte.

*) Zum Teil Reparationslieferung.

Tabelle V. Deutschlands wichtigste Einfuhrwaren aus Rumänien[1]).

	Mengen in 100 kg					Wert in 1000 RM.				
	1927	1926	1925	1924	1923	1927	1926	1925	1924	1923
Gesamteinfuhr aus Rumänien	13.268.376	7.211.502	3.090.889	2.463.470	2.009.731	243.316	153.818	93.355	59.875	37.141
Mais	3.329.747	1.264.483	828.402	530.268	45.925	47.902	17.816	16.007	8.898	716
Gerste	4.884.281	3.246.591	436.884	912.167	1.320.511	93.480	53.370	7.748	15.158	18.619
Roggen	105.733	86.626	14.245	46.839	45.503	2.147	1.656	343	913	708
Weizen	113.544	149.142	3.762	29.789	1.636	2.660	3.919	108	673	34
Eier vom Federvieh	77.610	86.211	85.012	53.576	962	13.387	13.349	15.462	7.743	139
Obst	103.039	159.568	192.940	84.903	20.174	4.671	8.041	8.567	5.425	871
davon: Walnüsse	32.420	74.666	59.943	60.926	7.581	2.754	5.807	4.158	4.475	417
Äpfel	47.961	66.144	103.400	19.700	206	1.156	1.374	2.778	560	4
Birnen und Quitten	17.475	4.535	25.873	210	—	424	86	1.387	3	—
Speisebohnen	64.426	67.989	60.988	62.107	89.660	1.305	1.186	1.632	2.131	2.959
Schlachtvieh (Ochsen) Stück	—	—	10.992	—	—	—	—	4.101	—	—
Schweine Stück	—	—	8.591	1.127	—	—	—	1.023	243	—
Hühner	4.239	4.517	4.890	814	—	838	891	1.290	241	—
Fleisch, Speck, Würste	20.910	101.259	21.103	494	8	2.595	12.201	3.125	49	0
davon: Schweinefleisch	13.711	94.819	18.805	—	—	1.358	11.089	2.727	—	—
Mineralöle	1.309.442	757.221	515.218	354.752	246.522	21.961	14.464	10.251	6.363	5.496
davon: Schwerbenzin, Putzöl	390.734	375.110	276.706	153.219	106.942	6.625	6.735	5.171	2.734	2.353
Benzin, Gasolin etc.	520.721	253.765	162.277	70.993	59.242	9.943	5.568	3.732	1.665	1.600
Bau- und Nutzholz	1.968.022	697.828	390.303	31.876	22.784	19.890	7.941	4.373	346	150
Ölkuchen und Ölkuchenmehl	485.152	298.432	250.899	173.054	57.440	7.122	4.308	4.754	3.097	804
Ölfrüchte und Ölsaaten	56.059	31.020	12.369	15.521	3.050	1.702	1.138	511	544	115
Nichtölhaltige Sämereien[2])	21.404	17.062	5.437	5.855	6.030	3 683	2.734	669	910	906
Bettfedern, roh	4.624	6.146	7.778	4.143	2.280	2.025	2.473	760	2.389	980
Rohe Felle zu Pelzwerk	689	443	574	72	43	2.479	870	4 815	205	280
Essigsaurer und holzessigsaurer Kalk	31.642	16.507	20.010	1.261	14.013	796	463	565	45	481
Holzgeist, roh	8.807	3.880	4.941	7.579	10.138	404	184	275	605	1.153

[1]) Nach Statistik des Deutschen Reichs, Bd. 317, Bd. 318, IV, S. 74 ff. Bd. 329, I, 330 A IV, S. 11 ff. Bd. 339, I. S. 11 ff. Bd. 351, I, II, S. 74 ff.

[2]) Vorzüglich Kleesamen.

Tabelle VI.

Anteil der wichtigsten Länder am Außenhandel Rumäniens[1]).

Land		1920 %	1921 %	1922 %	1923 %	1924 %	1925 %
Deutschland	E.	1.9	8.9	19.2	22.6	19.2	16.7
	A.	1.1	4.2	5.8	7.2	5.7	8.4
Österreich	E.	11.0	16.8	15.9	15.6	16.8	16.5
	A.	7.1	4.7	7.0	10.4	13.8	14.9
Tschechoslowakei	E.	3.5	8.7	9.3	8.3	11.5	14.2
	A.	4.1	4.9	8.0	4.4	9.2	9.4
Italien	E.	24.6	17.8	5.9	7.4	10.0	10.9
	A.	19.8	11.4	8.0	4.3	4.9	4.1
England	E.	19.9	13.8	8.9	9.2	9.8	10.5
	A.	6.4	12.0	2.3	4.7	5.8	8.1
Polen	E.	0.9	1.3	12.3	13.8	8.9	5.5
	A.	3.0	7.6	3.2	2.4	3.5	3.4
Frankeich	E.	13.9	13.6	5.9	6.6	8.0	7.8
	A.	4.0	8.8	9.6	10.6	6.7	5.7
Ungarn	E.	1.0	2.1	6.7	5.0	4.1	3.9
	A.	1.4	6.1	17.1	12.4	14.6	11.8
Belgien	E.	1.2	2.1	1.1	1.7	1.9	2.2
	A.	8.3	6.0	10.2	15.5	5.3	2.5
Holland............	E.	0.3	1.0	1.3	0.7	1.6	1.7
	A.	7.2	3.1	0.7	4.6	3.9	4.0
Gibraltar...........	E.	—	—	—	—	—	—
	A.	9.7	6.0	2.5	5.6	8.8	9.2

[1]) Nach Comerțul Exterior 1924 und Anuarul Statistic 1927.

Bibliographischer Anhang.

A. Volkswirtschaftliche Bibliographie über Rumänien.

Darstellungen:

I. Allgemeine Darstellungen zur Landes- und Wirtschaftskunde.

Handbuch der Militärverwaltung in Rumänien, „Die rumänische Volkswirtschaft". Berlin 1917.

Rumänien. Landes- und wirtschaftsstatistische sowie topographische Übersichten bearb. von der Direktion des österreichischen Handelmuseums. Wien 1917.

Angelescu, I. N.: Histoire économique des Roumains. T. I. Paris 1919.

Schmalz, P.: Großrumänien. Gotha 1921.

Sigerus, F.: Großrumänien ein neues Wirtschaftsgebiet. Berlin 1922.

Klein, F.: Rumänien. In: Politisches Handwörterbuch von Paul Herre. Leipzig 1923, Bd. 2, S. 505—515.

Gülich, W.: Großrumänien. In: Österreichische Rundschau. Jg. 19, H. 4. 6. 1923.

—: Grundfragen der großrumänischen Wirtschaftspolitik. Mit einer sozialwissenschaftlichen Bibliographie über Rumänien. Kiel, Diss. 1924. (Maschinenschrift.)

Rumania. An economic handbook. Washington 1924. (Department of commerce. Special agents series Nr. 222).

Roumania. In.: Survey of overseas markets. Committee on industry and trade. London 1925, S. 172—184.

Rommenhöller, C. G.: Großrumänien. Berlin 1926.

Wachner, H.: Rumänien. In: Andree-Heiderich-Sieger: Geographie des Welthandels. Eine wirtschaftsgeographische Erdbeschreibung. 4. Aufl. Wien 1926, Bd. 1 Europa, S. 421—460.

Die wirtschaftliche und finanzielle Organisation Rumäniens 1926. Bukarest (1927).

Roumania. The Manchester guardian commercial. 1927 May 26. Spec. Nr.

Gülich, W.: Rumänien. In: Handwörterbuch des Kaufmanns. Herausgegeben von Karl Bott. Hamburg. Berlin 1927, Bd. 4 S. 745—750.

Seraphim, P. H.: Rumänien. In: Osteuropäische Länderberichte. Bd. 2. S. 1—55. (Schriften der Industrie- und Handelskammer Breslau. H. 7. Mai 1927.)

Taşca, G.: Probleme economice şi financiare. Bucureşti 1927.

Rumänien. In: Die Wirtschaft des Auslandes 1900—1927. Bearb. im Statistischen Reichsamt. Berlin 1928. S. 305—316.
Roumania today. New York (1928).
Cioriceanu, G.: La Roumanie économique et ses rapports avec l'étranger de 1860 à 1915. Paris 1928.

II. Einzelne Produktionsgrundlagen und Wirtschaftszweige.

1. Landwirtschaft — Industriewirtschaft.

Jonescu, D.: Die Agrarverfassung Rumäniens. Ihre Geschichte und ihre Reform. Kap. 1. 2. 3. 4., Berlin, Diss. 1908.
Prager, W.: Rumäniens landwirtschaftliche Klimatographie. Halle, Diss. 1909.
Creanga, G. D.: Grundbesitzverteilung und Bauernfrage in Rumänien. T. 1. 2. 3., Leipzig 1907—1909. (Staats- und sozialwissenschaftliche Forschungen. H. 129. 140.)
Drăgan, J. C.: Der Tschernosiom und die Weizenproduktion Rumäniens. Leipzig, Diss. 1912.
Şerban, M.: Rumäniens Agrarverhältnisse. Wirtschafts- und sozialpolitische Untersuchungen. Berlin 1914.
Pax, F.: Pflanzengeographie von Rumänien. Halle 1920.
Garoflid, C.: Chestia agrară în România. Bucuresti 1920.
Evans, I.: The agrarian revolution in Roumania. Cambridge 1924.
Jonescu-Siseşti, G.: Reforma agrară şi producţiunea. Cu un program pentru ridicarea agriculturei. Institutul economic românesc. Bucureşti 1925.
Constantinesco, M.: L'évolution de la propriété rurale et la réforme agraire en Roumanie. Bucureşti 1925.
Popescu, D. G.: Le mouvement coopératif en Roumanie. Ministère de l'agriculture et des domaines. Direction des publications. Bucarest 1925.
Mosandrei, M.: La coopération forestière en Roumanie. Paris, thèse, 1926.
Teodorescu, I. C.: Condiţionarea vinului pentru marele comerţ de export. Ed. de Ministerul agriculturii şi domeniilor. Direcţiunea statisticii şi publicaţiilor. (Bucureşti) 1926.
Gide, Ch.: La coopération dans les pays latins, Amérique latine, Italie, Espagne, Roumanie. Paris. Association pour l'enseignement de la coopération (1927).
Nitzesco, C.: Agriculture in Roumania. In: Correspondance économique roumaine. Année 9, 1927, No. 6.
Rumer, W.: Die Agrarreformen der Donau-Staaten. Eine agrarpolitische Untersuchung der Bodenreformen Österreich-Ungarns, der Tschechoslowakei, Bulgariens, Rumäniens und Südslaviens in den Jahren 1917—1926. Innsbruck (1927).
Bercaru, V.: La réforme agraire en Roumanie. Paris 1928.
Szabó, L.: Die Agrarverhältnisse in Siebenbürgen. Berlin 1928.

Cornățeanu, N. D.: Die Bedeutung und die Rentabilität der Viehzucht in Rumänien nach der Agrarreform. (Buletinul agriculturii. 1928 Bd. 1. Beil.)
La Roumanie agricole 1929. XIVme Congrès international d'agriculture, Bucarest, 7,8 et 10 Juin (1929). (Bucarest 1929).
L' Agriculture en Roumanie. Album statistique publié à l'occasion du XIV-e Congrès international d'agriculture. Ministère de l'agriculture et des domaines. Bucarest 1929.
Wehenkel, G.; Deutsches Genossenschaftswesen in Rumänien. (Schriften des Deutschen Ausland-Instituts Stuttgart. E: Wirtschaftswissenschaftliche Reihe. Bd. 1.) Stuttgart 1929.

Gane, G.: Les richesses naturelles de la Roumanie et leur industrialisation. In: Correspondance économique roumaine. Année 6, 1924, No. 4.
Chicoș, Șt.: Die Bodenschätze Rumäniens. Bukarest 1925.
Industria și bogațiile naturale din Ardeal și Banat. Lucrare editată de Camera de comerț și de industrie din Cluj. Cluj 1927.
Spieß, G.: Die rumänische Petroleumindustrie und ihre Bedeutung in der Weltwirtschaft. Bukarest 1928. (Bukarester Vorträge, H. 1).
Pizanty, M.: La situation actuelle de l'industrie du pétrole Roumain. Institut économique roumain. Bucarest 1928.
Petrescu, N.: Industria textilă în Transilvania. București 1920.
Ioanițiu, G.: L'Industrie paysanne en Roumanie. In: Correspondance économique roumaine. Année 8, 1926, No. 6.
Bungețianu, C.: Les forêts de Roumanie et leur exploitation après la guerre (1918—1924). In: Correspondance èconomique roumaine. Année 8, 1926, No. 2, 4, 5, 6.
Cassassovici, C.: Comercializarea produselor industriale. Institutul economic românesc. București 1926.

2. Verkehr.

Băicoianu, C. I.: Handelspolitische Bestrebungen Englands zur Erschließung der unteren Donau. Leipzig 1913.
Südhof, H.: Beiträge zur Verkehrsgeographie Rumäniens. Greifswald, Diss. 1914.
Sprickerhof, A.: Rumänien und die mitteleuropäisch-türkische Güterverkehrs-Vereinigung. Nachtrag zur Denkschrift: Der künftige Eisenbahnverkehr zwischen den mitteleuropäischen Staaten und dem Morgenlande von Sprickerhof. Berlin-Grunewald 1916.
Popescu, G.: Problema transporturilor față de producțiune. Institutul economic românesc. București 1925.
—: La navigation et la politique commerciale. Bucarest 1926.
Cioriceanu, G. D.: Les grands ports de Roumanie. Paris 1928.

Heiderich, Fr.: Die Donau als Verkehrsstraße. Wien Leipzig 1916.

Băicoianu, C. I.: Le Danube. Aperçu historique économique et politique. Avec une préf. par Vintile I. Bratiano. Paris 1917.

Suppan, C. V.: Die Donau und ihre Schiffahrt. Wien 1917.

Haynel, H.: The Danube, its historical, political and economic importance. The Hague 1920.

Szana, A.: Die neuen Wirtschaftsprobleme der Donau. Stuttgart 1921. (Finanz- und volkswirtschaftliche Zeitfragen. H. 72).

Scheller, G.: Das Recht der Donauschiffahrt, seine Entwicklung und seine Regelung nach dem Weltkrieg. Kiel, Diss. 1923. (Maschinenschrift).

Hines, W.: Rapport relatif à la navigation sur le Danube. Genève 1925.

Bingold: Donauschiffahrt. In: Handwörterbuch der Staatswissenschaften. 4. Aufl. Jena 1926. Bd. 3. S. 277—285.

Groß, H.: Die Donauschiffahrt nach den Friedensverträgen. In: Siebenbürgische Handelszeitung. Kronstadt 1926. Jg. 3, H. 2. 3. 4.

Serret, K. A.: Die Donauumschlagstarife und ihre volkswirtschaftliche Bedeutung für die bayerischen Donauhäfen. Erlangen, Diss. 1926.

Popescu, G.: Le problème des embouchures du Danube et son influence sur l'économie générale de la Roumanie. Institut économique roumain. Bucarest 1927.

Rhein-Donau Verkehrshandbuch. Berlin 1926.

3. Geld, Banken und Kreditverhältnisse im allgemeinen.

Nichiciu, T.: Der Übergang von der Kronen- zur Leiwährung in Siebenbürgen. Kritische Studie über die Abstempelung und Einlösung der Kronennoten. Lugosch 1922.

Badulesco, V.: Les finances publiques de la Roumanie. In: Revue de science et de législation financière. Juillet-août-sept. 1923.

Slavescu, V.: Creditele funciare din România. Institutul economic românesc. București 1924.

Francis-Bernard: Les finances de la France, de l'Angleterre, de l'Allemagne et de la Roumanie de 1914—1924. Paris 1925.

Miclescu, N.: Problema monetară. Institutul economic românesc. București 1925.

Zimmermann, O.: Die rumänischen Währungsverhältnisse in der Kriegs- und Nachkriegszeit. Leipzig, Diss. 1927.

Hantos, F.: La monaie, ses systèmes et ses phénomènes en Europe centrale, Allemagne, Autriche, Hongrie, Pologne, Roumanie, Tchécoslovaquie, Yougoslavie. Paris 1927. (Bibliothèque internationale d'économie politique).

Scarlatesco, V.: Le problème monétaire en Roumanie. Paris 1928.

III. Innere Wirtschaftspolitik (Nationalisierung).

Moruzi, N. J.: Le régime juridique du sous-sol minier en Roumanie (loi des mines de 1924). Paris, thèse, 1926.

Leon, N. N.: Die rumänische Petroleumwirtschaft. Unter besonderer Berücksichtigung des Bergbaugesetzes („Nationalisierungsgesetzes") vom 4. Juli 1924. Jena, Diss. 1926. Bukarest 1927.

Graf, O.: Die Industriepolitik Rumäniens und die Grundlagen der Industrialisierung Großrumäniens. Leipzig, Diss. 1927.

Bratianu, V.: Politica de stat a petrolului în urma noui constituţii şi a legei minelor. Institutul economic românesc. Bucureşti 1927.

Nemetesco, G. P.: Le capitaliste et l'industrie pétrolière roumaine. Droits et obligations du capitaliste d'après la constitution roumaine, loi des mines, lois civiles, jurisprudences et lois fiscales. Bucarest 1927.

Loi portant modifications à la loi des mines du 4 Juillet 1924. Promulguée par décret royal No. 971 du 27 Mars 1929. Ministère de l'industrie et du commerce. Bucarest 1929.

Loi pour l'organisation et l'administration des entreprises et des biens publics sur des bases commerciales. Ministère de l'industrie et du commerce. Bucarest 1929.

IV. Handelspolitik und Außenhandelsbeziehungen.

Antonescu, C.: Die rumänische Handelspolitik von 1870—1910. Leipzig, Diss. 1915.

Pohl, C.: Die weltwirtschaftliche Stellung Rumäniens in der Landwirtschaft. Heidelberg, Diss. 1909.

Micşiunescu, G. Gr.: Die rumänische Getreideausfuhr. Erlangen, Diss. 1914.

Unter, M.: Die landwirtschaftlichen Welthandelsartikel Rumäniens. Leipzig, Diss. 1914.

Freund, R.: Strukturwandlungen in der internationalen Weizenwirtschaft. In: Weltwirtschaftliches Archiv, Januar 1926. Bd. 23.

Chicoş, Şt.: Politica exportului şi producţiunea naţională. Bucureşti 1925.

Seraphim, P. H.: Die Handelspolitik Großrumäniens. In: Neue Grundlagen der Handelspolitik. (Schriften des Vereins für Sozialpolitik. Band 171, 3.) München 1926.

Christodorescu, Gh.: Regimul exportului României. In timpul neutralităţei şi după război. Politica noastră comercială. (Uniunea camerelor de comerţ şi de industrie) Vol. 1. 2., Bucureşti 1928.

Hallunga, A.: L'évolution et la révision récente du tarif douanier en Roumanie. Paris 1928.

Le commerce de la Romanie avec l'Allemagne pendant les années 1908 et 1909. Rapports commerciaux des agents diplomatiques et consulaires de la Roumanie. Ministère de l'industrie et du commerce. Bucarest 1911.

Iliescu, L.: Die deutsch-rumänischen Handelsbeziehungen (1875—1910). Heidelberg, Diss. 1912.

Netta, Gh.: Die Handelsbeziehungen zwischen Leipzig und Ost- und Südosteuropa bis zum Verfall der Warenmessen. Zürich, Diss. 1920.

Zane, G.: Die österreichischen und die deutschen Wirtschaftsbeziehungen zu den rumänischen Fürstentümern 1774—1874. In: Weltwirtschaftliches Archiv, 1927 Juli. Okt. Bd. 26.

Număr special cu un suplement consacrat relațiilor economic româno-germane. Argus. București, 26. Sept. 1927.

Grünberg, K.: Die handelspolitischen Beziehungen Österreich-Ungarns zu den Ländern an der unteren Donau. Leipzig 1902.

Netta, Gh.: Relațiunile economice polono-române. Institutul economic românesc. București 1924.

Dimitriu, G. D.: Relațiunile comerciale cu Republica Austriacă. In: Buletinul Institutului economic românesc. Anul 5, 1926, Nr. 9.

Ene, E.: Relațiunile comerciale și financiare dintre România și Franța. In: Buletinul institutului economic românesc. Anul 5, 1926, Nr. 6.

Număr special cuprinzând un suplement consacrat relatiunilor franco-române. Argus. București, 24. April 1927..

Număr special consacrat relațiunilor economice anglo-române. Argus. București 1928.

Moskovitz, G.: Handelsbeziehungen zwischen der Schweiz und Rumänien. Mit besonderer Berücksichtigung der rumänischen Wirtschaftsverhältnisse. Bern, Diss. 1926. Békéscsaba 1928.

V. Kapitalbeziehungen.

Radulescu, S.: La politique financière de la Roumanie depuis 1914. Paris, thèse 1922.

Cioriceanu, G.: Datoria publică a României. București 1923.

Lapedatu, J.: Problema datoriei publice și reforma monetară. Institutul economic românesc. București 1924.

Romania. Minister of Finance. The report of the Minister of Finance to the Counsel of Ministers on the situation of Roumania created by the reparation and interallied debts policy. Sept. 24 th 1925. Bucarest 1925.

Marinesco, G. C.: Code des conventions collectives conclues pour le règlement des dettes privées à l'étranger et des lois respectives. Bucarest 1926.

Le pétrole roumain et les capitaux français. In: L'Economiste européen. Paris 1928. No. 1899. Suppl. spéc.

Arghir, N.: Statistica societăților străine pe acțiuni din România. In: Buletinul statistic al României. București 1928. Nr. 4 S. 112 bis 123.

Sturia, B.: Deutschlands Arbeit in Rumänien, Bukarest 1916, deutsch herausg. v. Hofrat Osel, Dießen am Ammersee 1917.

Haase, F.: Die Erdöl-Interessen der Deutschen Bank und der Disconto-Gesellschaft in Rumänien. Berlin 1922.

Strasser, K.: Die deutschen Banken im Ausland. München 1925.

Wirth, F.: Deutsche Arbeit und deutsches Kapital in der rumänischen Erdölindustrie. Erlangen, Diss. 1927.

Anninos, E. G.: Der wirtschaftliche Einfluß Deutschlands auf die Petroleumindustrie Rumäniens und ihre Bedeutung für die internationale Wirtschaft. Gießen, Diss. 1927.

Periodika.

Monitorul oficial. București.

Analele economice și statistice. București.

Buletinul statistic al României. Publ. din Institutul de statistica generală a statului din Ministerul industriei și comerțului. Bucuresti.

Buletinul institutului economic romănesc, București.

Bibliografia economică română. Institutul economic romănesc. București.

L'Economiste roumain. Institut économique roumain et l'Association des banques roumaines. Bucarest.

La Roumanie économique en ... Union des chambres de commerce et d'industrie de Roumanie. (Jahrbuch) Bucarest.

La Roumanie économique. Union des chambres de commerce et d'industrie de Roumanie. (Monatsschrift). Bucarest.

Correspondance économique roumaine. Ministère de l'industrie et du commerce. Bucarest.

Bulletin of the British chamber of commerce. Bucarest.

Bulletin d'information de l'Office commercial français en Roumanie. Bucarest.

Buletinul camerei de comerț și industrie din București. București.

Siebenbürgische Handelszeitung. Organ des Verbandes deutscher Handelsgremien Siebenbürgens. Kronstadt.

Industriezeitung. Mitteilungen des Bundes der Siebenbürgischen Industriellen. Kronstadt.

Buletinul uniunei generale a industriașilor din România. București.

Analele băncilor. București.

Buletinul agriculturii. Ministerul agriculturii și domeniilor. București.

Analele minelor din România. București.

Buletinul industriei. București.

Moniteur du pétrole roumain. Bucarest.

Petroleum. Zeitschrift für die gesamten Interessen der Mineralöl-Industrie und des Mineralöl-Handels. Berlin.

Handbuch der internationalen Petroleumindustrie. Berlin.

Oil and Petroleum Yearbook. London.

Compass, Finanzielles Jahrbuch. Rumänien. Wien.

The near east year book and who's who. Edited by H. T. Montagne Bell. London.

Situation économique et financière de la Roumanie au début de l'année ... Royaume de Roumanie. Ministère de l'industrie et du commerce. Bucarest.

Les forces économiques de la Roumanie en ... Banque Marmarosch Blank & Cie. Bucarest.
Report on economic conditions in Roumania. Department of overseas trade. London.
Rumänische Wirtschaftsnachrichten des Königl. rumänischen Generalkonsulats Berlin. Berlin.
Bursa, revista economică, financiară, comercială şi industrială, Bucureşti.
Import-Export, revista economică lunară, Bucureşti.
Rumänische Wirtschafts-Zeitung. Organ des Deutsch-rumänischen Wirtschaftsverbandes e. V. Berlin, (bis 1925).

Die freie Donau. Regensburg.
Berichte aus den neuen Staaten. Hrsg. vom Verband Österreichischer Banken und Bankiers. Wien, (bis 1924).
Wirtschaftliche Nachrichten für Handel, Gewerbe und Industrie. Organ der Kammer für Handel, Gewerbe und Industrie in Wien und des Außenhandelsdienstes der Österreichischen Handelskammern. Wien, (bis 1926).
Wirtschaftliche Nachrichten mit den amtlichen Nachrichten der Kammer für Handel, Gewerbe und Industrie in Wien und des Außenhandelsdienstes der Österreichischen Handelskammern. Wien.
Das Handelsmuseum. Hrsg. vom Handelsmuseum, Wien.
Wirtschaftsdienst. Hamburg.
Wirtschaft und Statistik. Hrsg. v. Statistischen Reichsamt. Berlin.
Deutsches Handelsarchiv. Hrsg. v. Reichswirtschaftsministerium. Berlin.
Deutscher Außenhandel. Berlin.
The Near East and India. London.
The Board of Trade Journal and Commercial Gazette. London.
The Economist. London.
Commerce Reports. Washington.
Archiv für Eisenbahnwesen. Berlin.
Zeitung des Vereins deutscher Eisenbahnverwaltungen. Berlin.
Deutschland unter dem Dawes-Plan. Die Reparationsleistungen im .. Teil des .... Planjahres. Der Bericht des Generalagenten vom .... nebst Sonderberichten der Kommissare und Treuhänder. Berlin.

Statistiken.

Anuarul Statistic al României. Ministerul industriei şi comerţului. Institutul de statistica generală a statului. Bucureşti.
Statistica anuală a României. Hrsg. Ch. Staicovici, — P. Iconomu. Bucureşti.
Wirtschaftsstatistik Rumäniens, hrsg. v. Sigerus, Hermannstadt.
Statistica industrială a României (Buletinul industriei. Bucureşti 1921).
Statistica agricolă pe anul .... Supliment la „Buletinul agriculturii". Ministerul agriculturii şi domeniilor. Direcţiunea statisticii agricole si a publicaţiilor. Bucureşti.

Statistica animalelor domestice pe anul .... Supliment la „Buletinul agriculturii". Ministerul agriculturii și domeniilor. Direcțiunea statisticii agricole și a publicațiilor. București.

Statistica societăților pe acțiuni din România. Ministerul industriei și comerțului. Institutul de statistica generală a statului. București.

Statistica prețurilor și indicele costului vieții în anul ... Ministerul industriei și comerțului. Institutul de statistica generală a statului. București.

Mișcarea salariilor în anul. ... Ministerul muncii, cooperației și asipurărilor sociale. Direcția generală a muncii. Direcția de studii și statistică. București.

Comerțul exterior al României și mișcarea porturilor în ... Ministerul finanțelor. Direcțiunea statisticei generale a finanțelor și a comerțului exterior. București (jährlich).

Comerțul exterior al României (cifre preliminare). Ministerul finanțelor. Direcțiunea statisticei generale a finanțelor și a comerțului exterior. București (viertelj.).

Statistique de la navigation à l'embouchure du Danube pour l'année .... Commission Européenne du Danube. Galatz.

Bulletin de statistique agricole et commerciale. Institut international d'agriculture. Rome.

Annuaire internationale de statistique agricole. Institut international d'agriculture. Rome.

Statistisches Jahrbuch für den Freistaat Bayern. Hrsg. vom Bayerischen Statistischen Landesamt, München.

Statistisches Jahrbuch für das Deutsche Reich. Hrsg. vom Statistischen Reichsamt, Berlin.

Statistik des Deutschen Reichs. Herausgegeben vom Statistischen Reichsamt, Berlin. Auswärtiger Handel Deutschlands. Der Verkehr der deutschen Binnenwasserstraßen. Seeschiffahrt.

Monatliche Nachweise über den auswärtigen Handel Deutschlands. Hrsg. vom Statistischen Reichsamt, Berlin.

Zeitungen.

Argus. București.

Berliner Tageblatt. Berlin.

Deutsche Allgemeine Zeitung. Berlin.

Frankfurter Zeitung. Frankfurt.

Industrie- und Handelszeitung. Berlin.

Kronstädter Zeitung. Kronstadt.

Rumänischer Lloyd. Bukarest.

Siebenbürgisch-deutsches Tageblatt. Hermannstadt.

Vossische Zeitung. Berlin.

B. Literatur zur Grundlegung vorliegender Arbeit.

Andree, Geographie des Welthandels. 1. Aufl. Stuttgart 1877.

Beckerath, H. v.: Die handelspolitische Lage der Textilindustrie. (Schriften des Vereins für Sozialpolitik, Bd. 171, 1, 1925).

—: Schutzzoll oder Freihandel, Schmollers Jahrbuch, 1925. Jg. 50, Halbbd. 1.

Beckmann, Fr.: B. Harms: Handelspolitik, Schmollers Jahrbuch, 1925. Jg. 49, Halbbd. 2.

Dietze, C. v.: Die deutsche Landwirtschaft und die neue Handelspolitik. (Schriften des Vereins für Sozialpolitik, Bd. 171, 1, 1925).

Donaldson, J.: International economic relations. A treatise on world economics and politics. New-York London Toronto 1928.

Eckert, Chr.: Außenhandel und Auslandskredite, Schmollers Jahrbuch, 1925. Jg. 49, Halbbd. 2.

Eßlen, J. B.: Die Politik des auswärtigen Handels. Stuttgart 1925.

Eulenburg, F.: Außenhandel und Außenhandelspolitik. (Die internationalen Wirtschaftsbeziehungen). Grundriß der Sozialökonomik. VIII. Abteilung. Tübingen 1929.

Gruntzel, J.: Theorie des zwischenstaatlichen Wirtschaftsverkehrs. Wien 1924.

Harms, B.: Volkswirtschaft und Weltwirtschaft. Versuch der Begründung einer Weltwirtschaftslehre. Jena 1912.

—: Die Krisis der Weltwirtschaft. Vortrag gehalten auf dem Weltwirtschafts-Kongreß der Übersee-Woche in Hamburg. (Weltwirtschaftliches Archiv, Okt. 1922, Bd. 18).

—: Die Zukunft der deutschen Handelspolitik. Bd. 1. Jena 1923.

—: Die Gegenwartsaufgaben der deutschen Handelspolitik, Jena 1925.

—: Strukturwandlungen der Weltwirtschaft. (Schriften des Vereins für Sozialpolitik, Bd. 172, 1926).

Kobatsch, R.: Internationale Wirtschaftspolitik. Ein Vergleich ihrer wissenschaftlichen Erklärung auf entwicklungsgeschichtlicher Grundlage. Wien 1907.

Kuske, B.: Die Bedeutung Europas für die Entwicklung der Weltwirtschaft. Köln 1924.

Meerwarth, R.: Nationalökonomie und Statistik. Berlin 1925.

Memorandum on international trade and balances of payments, 1912—1926. Vol. I. Review of world trade and balances of payments. Vol. II. Trade statistics of sixty-four countries. (Publications of the League of Nations. II. Economic and financial. Geneva 1927. II. 68/I., II).

Pesl, L.: Grundlagen und Zukunft der deutschen Volkswirtschaft. (Volkswirtschaftliche Blätter 1927, Jg. 26, Nr. 4, 5).

Price, Ph.: Die europäischen Wirtschaftsprobleme vor uud nach dem Kriege. (Europa und die Weltwirtschaft, Bd. 1.) Berlin 1929.

Posse, H.: Grundlagen der künftigen deutschen Handelspolitik. Breslau 1924.

Ratzel, F.: Politische Geographie. 3. Aufl. München. Berlin 1923.

Report on the economic and financial conditions in Germany. 1922 ff. Economic and financial conditions in Germany. June 1928. Department of overseas trade. London.
Rommenhöller, C. G.: Die wirtschaftliche Lage Deutschlands während des Jahres 1925. Rumänischer Konsularbericht, Berlin 1926.
Sax, E.: Die Verkehrsmittel in Volks- und Staatswirtschaft. Bd. 1. 2., Wien 1878. 79.
Scheu, E.: Deutschlands wirtschafts-geographische Harmonie. Breslau 1924.
Schilder, S.: Entwicklungstendenzen der Weltwirtschaft. Bd. 1. 2., Berlin 1912. 1915.
Schneider, R.: Transfer und Handelspolitik. Leipzig 1925.
Schneiders, R.: Deutsch-italienische Handelsbeziehungen. Bonn 1926.
Schüller, R.: Schutzzoll und Freihandel, die Voraussetzungen und Grenzen ihrer Berechtigung. Wien. Leipzig 1905.
Schulz, R.: Die Gestaltung des Außenhandels bei Schuldnerstaaten. Karlsruhe 1926.
Siegert, R. und Bertsch: Handels- und zollpolitische Fragen der Gegenwart. Berlin 1927.
Waltershausen, S. v.: Das volkswirtschaftliche System der Kapitalanlagen im Ausland. Berlin 1907.
Wiedenfeld, K.: Seeschiffahrt. In: Handwörterbuch der Volkswirtschaft. Jena. 3. Aufl. 1911. Bd. II, S. 753—763.
—: Getreidezölle. Ebda. Bd. I, S. 1056—1066.
—: Weltmarkt. Ebda. Bd. II, S. 1332—1336.
—: Weltverkehr. Ebda. Bd. II, S. 1339—1347.
—: Weltwirtschaft. Ebda. Bd. II, S. 1347—1356.
—: Die deutsch-türkischen Wirtschaftsbeziehungen und ihre Entwicklungsmöglichkeiten. München Leipzig 1915.
—: Das Dawesgutachten. Leipzig 1924.
—: Die Aufgaben der deutschen Außenhandelspolitik. Dresden 1925.
—: Gewerbepolitik. Berlin 1927.

FSC
www.fsc.org
MIX
Papier | Fördert
gute Waldnutzung
FSC® C083411

Kolibri 360 GmbH
Ferdinand-Jühlke-Straße 7
99095 Erfurt, Deutschland
produktsicherheit@kolibri360.de